휴먼스

들어가며

사바나에게

HUMANS

Copyright ⓒ 2020 by Brandon Stanton
All rights reserved.

Korean translation copyright ⓒ 2022 by PSYCHE'S FOREST BOOKS
This Korean edition was published by Psyche's Forest Books in 2022
by arrangement with DeFiore and Company Literary Management, Inc.
through EYA (Eric Yang Agency).

이 책의 한국어판 저작권은 EYA(Eric Yang Agency)를 통한
DeFiore and Company Literary Management, Inc. 사와의 독점 계약으로
도서출판 프시케의숲이 소유합니다. 저작권법에 의해
한국 내에서 보호를 받는 저작물이므로 무단 전재와 복제를 금합니다.

HUMANS

휴먼스
너무나도 그리운 지구의 친구들

브랜던 스탠턴

프시케의숲

'휴먼스 오브 뉴욕'이 탄생한 지 거의 정확히 10년이 되었다. 아직도 나는 이 작업을 뭐라고 불러야 할지 잘 모르겠다. "사진 프로젝트"라기엔 좀 부족한 것 같고, "블로그"는 너무 디지털적으로 들린다. 10년간의 진화를 거치면서 이 작업은 이전에 내가 붙여온 모든 라벨에서 벗어나게 된 듯하다. 심지어 제목조차 구식으로 보인다. 40개 이상의 나라에서 온 이야기들을 모았으니, '휴먼스 오브 뉴욕'이라고 하면 더 이상 문자 그대로 들어맞지 않는다. 나의 바람은 이제 이 제목이 스토리텔링의 한 전형을 나타내는 것이다.

    2010년에 처음 이 여정에 오를 때의 콘셉트는 꽤 단순했다. 나는 뉴욕 거리에서 만 명의 사람들을 촬영하고 싶었다. 아울러 그 사진들을 지도상에 표시하고 싶었다. 내가 특히 사진작가로서 훈련받은 적이 없었기에, 그건 미친 사람이 지닌 사명감과 닮아 있었다. 그러나 그 목표에 현실성이 없다는 점은 도움이 되었다. 그것이 나를 거리로 나서게 했다. 그것도 매일매일.

    나는 사진 찍는 법뿐만 아니라, 낯선 사람에게 다가가 편안한 느낌을 주고 대화를 이끌어내는 법을 배웠다. 시간이 지나면서 사진 자체보다도 이런 주변적인 기술들이 '휴먼스 오브 뉴욕'에서 더 중요해지곤 했다. 수천 장의 인물사진을 찍으면서 사진의 주인공들과 자연스레 대화를 나누곤 했다. 나는 사진 캡션에 그들의 말을 짧게 인용하기 시작했다. 어떤 인용구는 유머러스했다. 어떤 것은 사려 깊었다. 또한 마음 아픈 것도 있었다. 그 모든 인용구는 거리에서 만난 불특정한 사람들의 내면적인 삶을 잠깐이나마 들여다볼 수 있게 해주었다. 오랫동안 이 인용구들은 상당히 피상적인 것으로 남아 있었다. 나는 여전히 낯선 이들 앞이 불편했다. 그들의 공간을 침범하기가 두려웠고, 불쾌하게 만들고 싶지 않았으며, 경계선이 어디인지 확신할 수 없었다. 나는 한 사람 한 사람과 아주 짧은 시간을 보냈다. 간단한 질문 몇 개를 하고는 그들의 입에서 나오는 첫 번째 이야기를 받아 적곤 했다.

시간이 지날수록 대화는 점차 더 길어졌다. 내 질문의 무게는 점점 더 가볍지 않게 되었다. 더 탐색적이고 친밀해졌다. 대부분의 사람들이 그 과정을 즐긴다는 점을 깨닫고는 더욱 대담해졌다. 낯선 이에게 자신의 삶에 대해 나눌 수 있는 기회를 사람들은 기꺼워했다. 많은 사람들이 누군가가 자신에게 열심히 귀를 기울여주는 것을 뿌듯하게 여겼다. 종종 나는 이제 막 만난 사람과 몇 시간 동안을 함께 보내곤 했다. 복잡한 보도 가장자리에 앉아 그들 삶의 사건들을 살펴보고 그들이 어디서 왔는지 이해하려고 노력했다. 때때로 사람들은 다른 이에게는 털어놓지 못했던 삶의 비밀까지 나누었다. 그 이야기들의 솔직함과 친밀함 덕분에 '휴먼스 오브 뉴욕'은 세상에 알려질 수 있었다.

소셜미디어에서 수백만 명이 '휴먼스 오브 뉴욕'을 팔로우하기 시작하면서, 이 작품의 매력이 그 도시와는 별로 상관없다는 사실도 분명해졌다. 그렇게 많은 주목을 끈 것은 뉴욕이 아니었다. 사람들이었다. 개인적인 이야기의 힘이었다. 이 깨달음을 바탕으로 나는 뉴욕 거리에서 발전시킨 과정을 밟아 해외를 여행하기 시작했다. 여러 나라에서 사진을 찍었다. 유능한 통역사들의 도움을 받아 전 세계 수백 명의 사람들을 인터뷰했다. 그 대화들은 새롭고도 친숙하게 느껴졌다. 작업도 마찬가지였다. 또한 여행길에서 함께한 청중들은 내가 여행을 계속할 수 있게 해주었다. 이 책은 그 여행의 결과물이다.

본격적으로 시작하기 전에, 이 책이 무엇이 아닌지에 대해 짧은 메모를 덧붙인다. "휴먼스"라는 제목을 달고 있으니, 이 책이 모든 인간 경험에 대해 다루는 것을 목표로 삼는 것처럼 보일지도 모르겠다. 분명 그런 압박감을 느꼈다. 오랫동안 집 밖에서 지냈고, 가능한 한 많은 세계를 다루기 위해 마감일도 2년 뒤로 미뤘다. 그러나 아무리 철저하게 노력한다 해도《휴먼스》는 인류학적인 연구가 될 수 없었다. 모든 민족, 모든 종교, 모든 목소리를 완벽히 균형 있게 담아낼 수는 결코 없었다. 그건 불가능했다. 그리하여 결국 이 책은 정해진 운명대로 만들어졌다. 한 사진작가가 가능한 한 많은 곳을 여행하고, 가능한 한 많은 사람을 만나 수집한 대화들인 것이다.

함께해준 모든 분들께 감사드린다. 작업에 몰두하느라 충분히 말로 표현하지 못했지만, 여러분은 인터넷상에 존재하는 최고의 사람들이었다. 바로 여러분이 이 마법 같은 자그마한 공간을 웹상에 만들어주었다. 덕분에 누군가가 조롱이나 괴롭힘, 판단 등의 대상이 되지 않고도 자신의 이야기를 안전하게 나눌 수 있었다. 오랫동안 따뜻하게 환대해주었기에 그 이야기들이 솔직하게 공유될 수 있었다. 인터뷰이들에게 보내준 한결같은 격려에 감사드린다. 또한 나를 성원해준 것에도 감사하다.

이 책을 만들면서 내가 즐거웠던 것만큼, 독자 여러분도 즐거운 마음이길 바란다.

"어린 시절엔 일하느라 교육 받을 기회가 없었어요. 교복 입은 애들이 늘 부러웠습니다. 이번 달에 우리 딸이 학교에 들어갔어요. 매일 집에 오면 그날 학교에서 무슨 일이 있었는지 조잘조잘 얘기해주지요. 너무 좋아요. 제가 며칠 집에 못 들어오기라도 하면, 우리 딸은 그사이에 있었던 얘기들을 다 기억해뒀다가 한꺼번에 말해주죠."

_파키스탄 라호르

"저는 천 명도 넘는 초등학생들을 졸업시켰어요. 지금도 계속 가르치기는 하는데, 눈이 나빠지고 있어요. 초등학교 시절은 아이들 인생에서 정말 중요한 시기죠. 말하기, 문법, 집중하는 법을 배우는 때이고, 나무로 치면 뿌리가 자라는 시기예요. 초등학교에서 잘못 배우면 평생 바로잡느라 고생 좀 할 겁니다."

_러시아 상트페테르부르크

▶ "우리 애들이 장관이라든가 사업가가 되면 좋겠어요. 근데 얘가 올해 학교에 들어가야 하는데, 보내줄 돈이 없네요."

_콩고민주공화국 카상굴루

"제가 열여덟 살 때 많은 영국 학생들이 청소년 프로그램에 참여하려고 가나에 온 적이 있습니다. 비싼 프로그램이었어요. 참가비가 수천 파운드에 달했죠. 전 무료로 참여했어요. 문화 다양성을 위해 가나 사람이 몇 명 필요했거든요. 지역 봉사활동과 모험활동이 섞인 프로그램이었고, 바로 이 호수에 카누를 타러 왔어요. 전 거기 참여하는 내내 천연자원으로 얼마나 많은 돈을 벌 수 있을지 생각했어요. 또 그중 얼마나 많은 돈이 가나에서 빠져나가는지도 생각했죠. 그때 전 가나의 환경을 통해 가나의 돈을 벌어야겠다고 결심했습니다. 그래서 대학을 졸업하고 나서 세계적인 모험 회사 설립에 나섰죠. 이제 5년이 넘었어요. 우리는 정직원이 열두 명이고, 모험 장소 스물다섯 곳을 보유하고 있습니다. 무엇보다 우리가 이 나라에서 모험 문화를 만들고 있다고 생각해요. 처음 시작할 때는 우리 고객의 70퍼센트가 외국인이었어요. 이제는 80퍼센트가 가나 사람입니다. 제 뒤에 있는 건 서바이벌 아일랜드인데요. 최근 프로젝트이자 가장 큰 리스크이기도 해요. 전체를 로프 코스ropes course로 만들었고, 언젠가는 세계에서 가장 규모가 큰 짚라인zipline을 만들고 싶어요. 그렇게 된다면 가나는 정말로 모험가들의 지도에 오르겠죠."

_가나 아크라

"60세는 수명을 다하기에 꽤 좋은 나이 같아요. 그러면 확실히 젊은 세대를 위해 공간을 비워줄 수 있잖아요. 하여간 60세가 지나면 모든 게 더 나빠져요. 그 이후에 우린 그냥 비료로 간신히 연명하는 늙은 식물들인 겁니다. 매일 고통이 심해지거든. 자연스러운 게 아니죠. 지금도 요양원에 앉아 있는 수백만 명의 사람들을 생각해보세요. 할 일들이 없어요. 기대할 미래가 어디 있겠어요. 사는 게 아니라니까. 모두들 약이 필요하지요. 이러면 좋을 거예요. 일단 마음껏 삶을 즐겨요. 그러다 고통이 너무 심해지는 순간, 그걸 멈출지는 자기 손에 달린 거죠."

_네덜란드 암스테르담

"딸한테 설거지를 하라고 했더니 나보고 알코올 중독자라는 거예요. 마음이 너무 아팠어요. 난 10대 때부터 내가 알코올 중독자라는 걸 알았지요. 하지만 다른 누군가가 날 그렇게 부른 건 그때가 처음이었어요."

_미국 뉴욕

"늘 균형 잡혀 있을 줄 알았어요. 항상 보상받는 느낌을 받을 거라고, 육아라는 건 계속 지치는 일이면서도 언제나 환상적일 거라고 말이죠. 하지만 때로 그건 단지 그중 한 가지만이기도 해요. 분노나 좌절, 무기력함만 남는 순간이 있거든요. 가령 약속 시간에 늦었다고 해보죠. 아니면 일하러 가야 한다거나. 그리고 딸아이가 집을 나서기 싫어하는 거죠. 아이는 바닥에 드러누워 떼를 쓰고 움직이질 않아요. 설득해보려 하지만 아이는 들으려고도 하지 않고요. 이런 순간엔 너무 지쳐요. 인내심도 사랑도 찾을 수가 없죠. 문득 궁금해지죠. '어쩌자고 이런 일을 시작한 거지?' 하지만 같은 날, 같은 시간에 그 모든 게 제자리로 돌아옵니다. 딸아이가 아내랑 밖에서 돌아올 때면, 차에서 뛰어내린 후에 달려와서 날 와락 껴안아요. 아마 당신은 상상도 못 할 정도로 꽉 껴안죠. 그럼 화낸다는 건 전혀 상상할 수도 없어져요. '대체 무슨 복으로 이 꼬마 악당을 얻게 된 걸까?' 하는 생각만 들죠."

_네덜란드 암스테르담

"나는 수많은 죽음을 보았습니다."

_남수단 주바, 통핑국내실향민구역

"네 살이 되는 건 하나도 어려울 게 없어요."

_미국 뉴욕

"오늘 아침에 손녀를 빌려 달라고 허락 받아서 함께 공원을 산책하고 있어요. 우리 취미생활이거든요. 손녀는 개와 새 구경하길 좋아해요. 오늘은 검은 새를 봤는데 아주 신났었지."

_칠레 산티아고

▼ "할머니가 오늘 아기를 봐주기로 했는데 몸이 안 좋다네. 그래서 새벽 6시에 날 쿡쿡 찌르더라고."

_미국 뉴욕

"이 아이가 내 유일한 손자라오. 얘가 뭘 하든 난 언제나 즐거워. 저번 날엔 얘가 텔레비전 세트를 무너뜨렸는데, 그래도 난 괜찮았어."

_파키스탄 카라치

▶ "점심 먹기 전인데 쿠키를 먹고 있어요. 왜냐면 우리 할아버지한테는 아무 규칙도 없거든요."

_프랑스 파리

"저는 남자처럼 차려입고 집을 나서긴 했지만, 나가서는 곧 갈아입었어요. 어머니는 제 안에 악마가 있다고 하시고, 아버지는 제가 쓸모없다고 하셨죠. 심지어 그분들은 제게 뭔 일이 있나 싶어 의사에게 데려가기도 했어요. 하지만 할아버지는 늘 제 편이셨죠. 부모님보다 더 열린 분이랄까. 아마 24시 식당에서 일하면서 밤에 나오는 사람들을 다 만나보셨기 때문인 것 같아요. 어렸을 때도 할아버지는 제가 입은 옷을 보며 이렇게 말씀하시곤 했죠. '얘야, 네가 여자애라면 참 예쁘겠구나.' 언젠가 제가 느끼는 것들에 대해 모두 말씀드렸을 때, 할아버지가 그러더라고요. '넌 훌륭한 사람이란다. 난 네게 일어나는 일을 결코 두려워하지 않을 거야.'"

_아르헨티나 부에노스아이레스

"할머니가 돌아가시고 나서 저 혼자 세상에 남겨진 듯한 느낌이 들었어요. 할머니는 즐겨 말씀하셨죠. '네가 필요할 때마다 항상 난 여기에 널 위해 있단다'라고요. 묻지도, 판단하지도 않으셨어요. 하지만 부모님은 달랐어요. 제게 뭔가 바라셨죠. 좋은 사람이 되길, 졸업을 하고 취직을 하고 잘해내길 바라셨어요. 안타깝게도 전 계속 실패했어요. 모든 것에 의문을 품었어요. 학교 성적도 나빴고 규칙을 따르지 않았어요. 머리를 보라색으로 염색하고 다녔죠. 코에 피어싱도 했고요. 엎친 데 덮친 격으로, 여동생은 예쁘고 완벽한 데다 모든 일을 제대로 해냈어요. 전 뭔가를 망칠 때마다 우리 '할매'에게 가곤 했어요. 그러면 할머니는 이렇게 말씀하셨죠. '너무 걱정하지 말렴. 그건 그리 중요하지 않단다.' '사랑한다, 우리 아가,' '넌 나쁜 사람이 아니야.' '행복해지는 방법을 찾을 수 있을 거야.' 어른이 된다는 건 정말 힘들 수도 있어요. 세상이 내게 너무 많은 걸 바라는 것 같았죠. 우리 할머니는 달랐어요. 그저 날 사랑하셨어요."

_독일 베를린

"저는 아주 엄격한 집안에서 자랐어요. 옷을 수수하게 입어야 했고요. 술을 마시거나 늦게까지 밖에 있어도 안 됐죠. 또 우리 가족은 제가 무슬림 아닌 사람과 결혼하는 걸 원치 않아요. 특히 백인 남자요. 비무슬림과는 이슬람식 결혼식도 불가능하죠. 하지만 남자친구는 개종할 의사가 없다는 걸 분명히 했어요. 전 남자친구 입장을 이해해요. 어제 우리는 그냥 우리 미래에 대해 얘기했어요. 상황이 남자친구를 괴롭힌다는 걸 저도 알아요. 그이는 내가 결정하길 원하죠. 내가 분명해지길, 이 모든 게 아무 문제도 안 되고 그이와 함께하기 위해 기꺼이 모든 것을 잃겠다고 내가 말해주길 바라죠. 하지만 그렇게 쉬운 일이 아니에요. 삼촌들이 절 외면할 거예요. 이모들도 그럴 테고요. 우리 대가족 중에서 다른 친척에게 그런 일이 일어나는 걸 봐왔어요. 엄마만큼은 절 떠나지 않을 거라 믿고 싶지만, 사람들 의중을 많이 살피는 분이어서 확신하진 못하겠어요. 아버지가 엄마와 이혼을 했고 엄마는 평생 그 수치심을 안고 살아오셨거든요. 엄마가 감당하실 수 있을지 모르겠네요. 요즘 전 두 가지 삶을 사는 느낌이에요. 이드 축제*를 보내러 집에 갔는데, 마치 제가 거짓말을 하고 있다는 기분이 들더라고요. 남자친구는 내가 우리 관계를 의심하고 있다고 생각해요. 하지만 그런 건 전혀 아니에요. 그 사람과 함께하고 싶지 않았다면 제가 이렇게나 많은 시간을 투자했겠어요? 저는 기꺼이 온 세상에, 가족들에게 얼마든지 말할 수 있어요. 그들이 다시는 제게 말을 걸지 않아도 좋다고 말이에요. 하지만 마음 한구석에선 스스로에게 되묻게 되는 거예요. '그이는 대체 왜 개종하지 않는 거야? 단 한 순간만이라도 말이야. 물론 그이가 나를 따를 필요는 없지. 그렇지만 그렇게 해준다면 우리가 무슬림이라고 모두에게 말할 수 있을 텐데. 왜 희생하는 쪽은 내가 되어야 하는 걸까?'"

_네덜란드 암스테르담

* 이드 축제: 금식 기간인 라마단이 끝나고 이를 기념하는 축제.

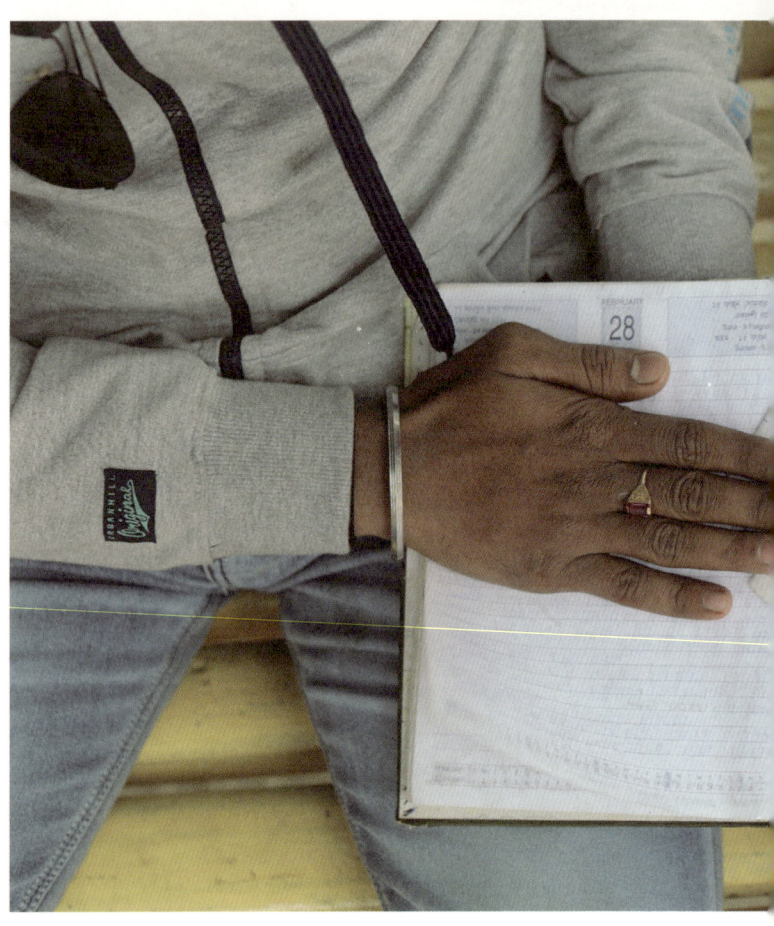

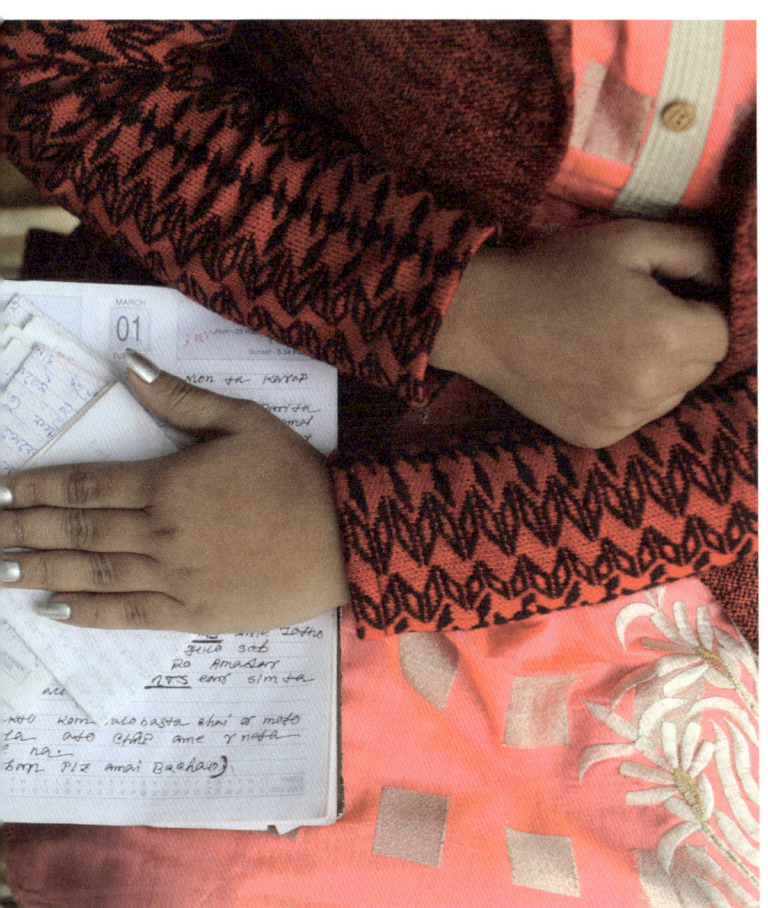

"우리 관계를 비밀로 해야 돼요. 양가 부모님이 허락하지 않으실 텐데, 아직 그분들께 말씀드릴 용기가 없거든요. 그래서 우리는 한 달에 서너 번 비밀스레 만나죠. 사귀기 시작하면서부터 우리는 일기장을 공유해왔어요. 그걸 번갈아가며 가지고 있죠. 누구든 일기장을 갖고 있는 쪽이 우리의 추억을 기록해요. 또 상대방에게 뭘 원하는지, 어떤 오해를 받았는지도 쓰고요. 그러다 함께 만나는 날이면 일기장을 상대에게 건네주죠."

_인도 캘커타

다가감

'휴먼스 오브 뉴욕' 작업은 항상 예술과 방문판매가 뒤섞인 듯한 느낌이 든다. 인터뷰는 재미있는 부분이다. 대화는 늘 흥미롭고, 일단 진행되면 사람들이 그 과정을 즐기는 듯 보인다. 모든 사람에게 나름의 삶의 굴곡이 있을 것이기에, 자발적인 참여자에게 좋은 이야기를 듣기란 대부분 어렵지 않았다. 정작 어려운 건, 그렇게 기꺼이 자신의 이야기를 나눠줄 사람을 찾는 일이다. 내 작업에서 언제나 가장 힘든 부분은 사람들을 잠시 멈춰 세우는 일, 그들에게 기회를 얻는 일이었다. 왜냐하면 대부분의 사람들은 길거리에서 멈추길 싫어하기 때문이다. 특히 대도시에서 길을 가다 멈춘다는 건 보통 뭔가를 판매당하는 걸 의미하니까.

아무리 부드럽게 다가가도, 어떤 단어로 말하더라도, 많은 사람이 거절할 것이다. 단 한 명도 승낙하지 않는 날이 있을 수도 있다. 그래서 이 작업엔 지구력이 많이 필요하다. 끈기와 이해심도 요청된다. 어쩌면 단지 타이밍의 문제일 수 있다. 그가 끔찍한 하루를 보내는 중이라서, 혹은 서둘러야 하는 일이 있어서 날 거절한 것일지도 모른다. 같은 사람이라도 다음번에 그가 잠시 휴식을 취하는 순간이라면, 이 새로운 경험에 대해 열린 마음을 갖게 될 수도 있다. 나는 많은 인물사진을 공원에서 찍었는데, 그건 나의 자연 사랑과는 아무 상관이 없다. 그저 사람들이 보도를 바삐 지나갈 때보다는 나무 밑에 앉아 있을 때 훨씬 더 쉽게 다가갈 수 있었기 때문이다.

특히 대도시에서 사람들은 원치 않는 상호작용을 피하기 위해 일종의 방패를 지니고 다닌다. 그들은 눈 마주치기를 피한다. 걷다가 멈추는 것을 거부한다. 영원히 "회의에 늦은" 것처럼 보인다. 많은 사람들은 심지어 내가 뭘 묻는지 알기도 전에 거절부터 할 것이다. 무례하다고 생각될 수 있지만 그렇지 않다. 단지 수년간의 도시 생활을 통해 연마한 자연스러운 방어 메커니즘일 뿐이다. 그것은 거의 항상 두려움에 의해 작동한다. 무례함은 거의 항상 스트레스에 대한 반응이다. 그것은 보호 수단이며 방패이다. 내게는 그 방패를 뚫는 것이 가장 큰 도전이었다.

'휴먼스 오브 뉴욕' 초창기에는 내가 뭔가 이상한 짓을 하고 있다는 느낌을 받지 않기가 힘들었다. 작품의 의미와 가치에 대한 믿음을 유지하기가 어려웠다. 몇 번이고 계속 거절당하고 나면 그만두고 집에 가고 싶었다. 하지만 방패를 뚫고 들어가 다른 쪽에 있는 사람을 발견할 때마다 힘이 났다. 한 사람이 인터뷰에 응하는 순간, 모든 것이 변한다. 당신이 위협적이지 않다는 걸 깨달았을 때 사람들은 놀랍도록 변한다. 그들은 훨씬 더 친근하다. 더 스스럼없다. 더 잘 알아볼 수 있다. 대도시에서 심한 고립감을 느낄 수도 있는 까닭은 우리가 사람들과 함께 이런 지점을 통과하는 일이 드물기 때문이다. 모두가 그들의 방패 뒤에 숨어 있다. 언제나 경계하고 있다. 적어도 하루가 끝날 때까지는 말이다. 사람들은 집에 돌아왔을 때 사랑하고 믿는 사람들 곁에서 불현듯 그들 자신으로 돌아온다.

이런 이유들 때문에 사람들에게 다가가는 것은 내 작업에서 가장 중요한 부분이다. 그것은 진짜 사람에게 가닿는 과정이다. 그 방패 뒤에 있는 것을 찾아 다른 이들에게 내보이는 일이다. 우리가 지닌 방패들이 서로를 갈라놓는다면, 그 방패의 뒤에는 우리를 하나로 만들어주는 것이 있다. 고군분투, 걱정, 고통, 약함. 모든 부드러운 지점들. 우리가 보호하는 곳들. 이것들은 우리가 다른 사람들에게 지극히 가닿아 있다고 느끼게 만든다. 우리를 연결시켜준다. 우리가 이것들을 볼 수 있도록 허락하기만 한다면.

"뭘 해야 할까 생각하면서 여기 네 시간 동안 앉아 있었어요. 집에 들어가고 싶지 않네요. 또 망쳐버렸어요. 난 평생 약물 중독자였죠. 하지만 석 달 동안 딱 끊었어요. 콜센터에 취직도 했고요. 잘 하고 있었죠. 그러다 월급을 받자마자 동료들과 술을 마시러 갔어요. 평범한 일이었어야 했는데 그때 코카인을 좀 했어요. 언제나처럼 똑같은 얘기예요. 결국 흥청망청 취해버렸고 직장도 잃었죠. 이제 집에 들어가고 싶지 않아요. 어머니랑 같이 사는데 어머니는 저에 대한 믿음을 저버리신 적이 없죠. 동생이 군대 갔다가 죽어버려서 자식이 나밖에 없으시거든요. 어머니에게는 몹쓸 짓이죠. 제가 직장에 들어갔을 때 정말 기뻐하셨거든요. 이제야 모든 일이 잘 풀릴 거라고 굳게 믿으셨죠. 근데 저는 집에 가서 무슨 일이 일어났는지 말씀드려야 하네요. 그러고 싶지가 않아요. 어머니는 심지어 화도 안 내실 거예요. 그냥 엄청나게 상처 받으시겠죠. 그러곤 밥은 먹었냐고 물으실 거예요."

_콜롬비아 보고타

"우리 엄마는 식당에서 일하고 청소 일도 하세요. 번 돈은 전부 제 학비로 들어가요. 엄마는 항상 저한테 공부에만 집중하라고 하세요. 지난 학기엔 돈이 부족했지만 저한테 이러셨어요. '걱정하지 마. 내가 구해볼게. 넌 그냥 하던 거나 계속해.' 엄마는 항상 그러세요. 제가 절대 스트레스 받지 않길 바라죠. 아빠는 제가 어릴 때 돌아가셨어요. 그래서 우리는 항상 힘겹게 살아왔죠. 제가 한창 자랄 때였는데 가끔 집에 먹을 게 딱 일인분만 있곤 했어요. 엄마는 항상 배가 안 고프다고 하셨어요. 그게 일부러 가장한 거라는 걸 좀더 나이가 들고 나서야 깨달았죠."

_페루 리마

"열두 살 때 자전거를 정말 갖고 싶었어요. 아빠가 한 대 사주셨죠. 얼마 뒤, 아빠가 가장 좋아하는 반지를 끼고 있지 않은 걸 알아챘어요. 아빠는 수리를 맡겼다고 하셨죠. 어른이 돼서 다시 물어봤어요. '아빠, 그 반지 어디 있어요? 제가 똑같은 걸로 만들어드리고 싶어요.' 그제야 아버지가 털어놓더군요. '그 반지 팔았지. 그때 너 자전거 사느라.'"

_인도 자이푸르

"우리는 사우디아라비아 최초의 여성 운동선수예요. 그 점이 우리를 우쭐하게 한답니다. 인생에서 가장 멋진 순간들 중 하나예요. 전 농구팀 주장이라서 행복하고 긍정적이야 해요. 슛이 들어가면 박수를 치죠. 그리고 놓쳐도 박수를 쳐요. 다른 팀이 해낼 때도 박수쳐주고요. 누군가 슬퍼하면 이렇게 말해줍니다. '속상해하지 마, 자기.' 그러곤 어깨를 토닥여줘요. 이 친구는 제 팀 동료인 다위인데요, 우리는 서로 친구 사이예요. 전 이 친구를 정말 사랑해요. 다위는 음식을 좋아하고, 우린 함께 춤을 추기도 해요. 경기하는 동안에도 서로 손 키스를 날린답니다. 어제 경기에선 우리가 이겼어요. 하지만 지더라도 상관없어요. 결국 우린 항상 춤을 추니까요."

_ 아랍에미리트 아부다비, 스페셜올림픽

"제 유튜브 채널 구독자 수를 늘릴 방법을 찾아야 해요."

_일본 도쿄

"2년 전에 대학 입학시험을 쳤어요. 시험 결과를 학교 강당에서 알려줬는데, 합격자 수험번호를 한 명씩 불러줬어요. 내 번호는 끝내 듣지 못했죠. 숨도 못 쉬겠더라고요. 꿈이거나 거짓말이거나 속임수이길 바랐죠. 평생 엔지니어가 되고 싶었지만 전 대학에 들어갈 만큼 똑똑하지 못했던 거예요. 저는 절망적인 기분이 들 때 걷는 버릇이 있어요. 그날 밤에 20킬로미터를 걸었어요. 길을 잃은 듯했죠. 아무 길도 없는 것 같았고요. 그다음 주엔 일주일 내내 침대에 누워만 있었어요. 하지만 영원히 방 안에만 있을 순 없잖아요. 결국 용기를 내서 주변 사람들에게 상담을 했어요. 제가 가장 좋아하는 선생님이 공무원 시험에 한번 지원해보면 어떻겠냐고 하시더라고요. 저보고 정의감이 강하다고 일깨워주시면서요. 그 후 1년 동안 시험 준비를 했어요. 어제 결과가 도착해서 방문을 잠그고 봉투를 열어봤어요. '합격'이라고 적혀 있었습니다. 한참 동안이나 저는 뒤를 돌아보고 있었어요. 나 자신을 부끄럽게 여겼죠. 하지만 그건 결국 끝이 났어요. 지금 전 직업박람회 때문에 도쿄에 와 있어요. 모든 부처에서 발표를 할 텐데, 제게 어떤 직무가 주어지든 최선을 다할 겁니다. 뭐든 기꺼이 할 거예요. 다른 사람들을 도우면서 제 인생을 보낼 기회가 있다는 게 그저 신나네요."

_일본 도쿄

"어느 날 밤이었어요. 축구공을 갖고 언덕을 올라가고 있었는데 경찰과 마약상들이 서로 총을 쏘기 시작하더라고요. 전 벽을 뛰어넘어서 온 힘을 다해 집으로 내달렸어요. 근데 엄마에게 그 일을 말했더니 저한테 엄청 화를 내는 거예요. 엄마에게 난 그냥 축구를 하고 있었고 나쁜 짓은 안 했다고 말했어요. 그랬더니 엄마가 울기 시작했어요. 저도 울었고요. 그날 엄마랑 교회에 가서 아주 오랫동안 기도를 했어요."

_브라질 리우데자네이루

"항상 제가 못된 사람인지 궁금했어요. 많은 사람들이 절 차갑다고 생각하더라고요. 혼자 있을 때는 차갑지 않거든요. 또 친한 친구들이랑 있을 때도. 하지만 사람들과 알아가는 게 쉽지는 않아요. 그냥 저는 방어적인 것 같아요. 제 느낌에 대해 정말 말하지 않거든요. 그런 걸 많이 얘기하면 할수록 더 오해받는 기분이 들어요. 전 가까이 다가앉는 걸 안 좋아해요. 안는 것도 안 좋아하고요. 당연히 모르는 사람이 건드리는 것도 싫어하죠. 저 자신을 알기까지 오랜 시간이 걸렸고, 사람들이 금세 저를 안다고 느끼는 걸 원치 않아요."

_폴란드 바르샤바

"우린 별다른 취미는 없다우. 그렇지만 사람들을 평가하고 불평을 늘어놓으려고 한 달에 몇 번씩은 모이려고 하지."

_미국 뉴욕

"아내가 머리를 감고 저녁을 차리고 싶어 했는데 아기가 울기 시작했거든요. 그래서 도움이 좀 될까 싶어서 아기를 밖으로 데리고 나왔어요. 한 30분쯤 나와 있었는데 다행히 울지 않네요. 우리는 모잠비크에서 왔어요. 원래는 저 혼자 천장 설치하는 일을 구하려고 왔는데 아내가 임신한 걸 알고는 데려왔죠. 여기 의료체계가 훨씬 좋거든요. 아기가 미숙아로 태어난 탓에 아직 둘을 고향으로 돌려보내긴 일러요. 하지만 아내랑 아기가 모잠비크로 돌아가야 제가 안심이 될 것 같아요. 여긴 너무 위험해서요. 남아공이 일하기엔 더 좋은 곳이긴 하지만 이곳 사람들은 우리가 여기 있는 걸 정말 안 좋아하거든요. 주로 흑인들이 욕을 해요. 우리한테 집에 돌아가라며 마구 욕설을 퍼붓죠. 아마 자기들 일자리를 빼앗는다고 생각해서 그러는 걸 거예요. 하지만 전 단지 제가 아는 대로 행동할 뿐이에요. 그 사람들은 우리나라 사정이 어떤지 잘 알지 못하잖아요. 모잠비크에선 애들하고 생존할 수가 없어요. 저는 그저 제가 할 수 있는 유일한 선택을 할 뿐이라고요."

_남아프리카공화국 요하네스버그

"이 아이 머리를 고칠 수 있다면
내 영혼이라도 내주겠습니다."

_이라크 도훅

"우리 딸은 심장에 구멍이 있었소. 끊임없이 기도를 드렸지. 신께서 어느 순간에 들어주실지 모르니까 말이오. 마침내 우리는 의사에게 약을 받았고 신께서 딸아이를 고쳐주셨소."

_파키스탄 라호르

"비둘기와 소에게 먹이는 곡물을 팔고 있어요. 좋은 카르마를 쌓는 일이지요. 우리 가족이 80년 동안 해온 가업이에요. 할아버지가 시작하셨고 그다음에 아버지, 이젠 제가 맡았죠. 매일 250명에서 300명 정도 손님이 있어요. 예전에 일이 정말 잘됐어요. 집이 두 채 있었고, 차도 있고 금도 많고. 그런데 몇 년 전에 처남에게 간질환이 생겼습니다. 우리 가족은 처남을 살리느라 모든 걸 다 썼지요. 인도 전역을 돌아다녔고요. 사람들이 '이리 가보세요, 저리 가보세요' 하더군요. 우리는 언제나 갔습니다. 항상 그들이 내라는 대로 다 지불했지요. 어머니는 심지어 신장을 기증하기도 했어요. 하지만 소용없더군요. 처남은 일곱 달 전에 세상을 떠났어요. 부모님도 그 스트레스로 곧 돌아가셨고요. 이제 저 혼자 남았어요. 아무것도 없이 스쿠터 한 대만 남았죠. 전 여전히 카르마를 믿습니다. 그것마저 없다면 제겐 아무것도 남지 않거든요. 내가 했던 일들이 이렇게 되리라는 건 오직 신만이 아시는 거예요. 만약 제가 알았더라면 지난날 그렇게 하지 않았겠죠."

_인도 자이푸르

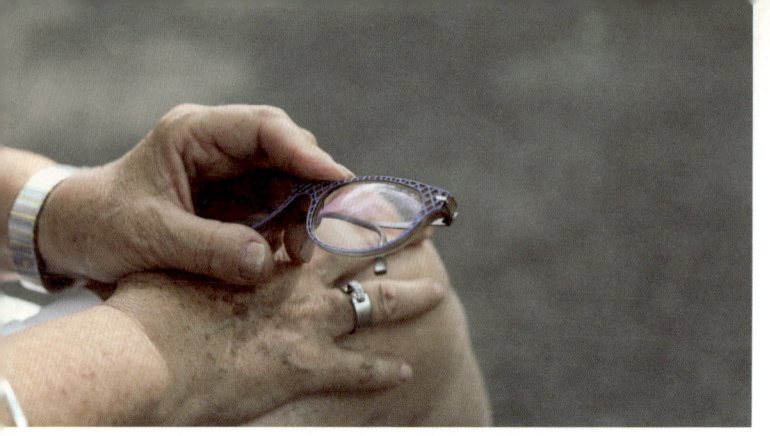

"영화 〈브로크백 마운틴〉이 개봉했을 때 그이에게 같이 보러 가자고 했죠. 돌이켜보면 저는 그이에게 선택을 요구하고 있었더군요. 영화가 끝날 무렵 그이가 내게 고개를 돌리더니 말했어요. '내 얘기군.' 우리는 결혼한 지 30년 됐어요. 그땐 아이들이 아직 어렸지요. 어찌 해야 할지 모르겠더군요. 내가 떠나나? 머무르나? 당시 우리는 다른 나라에서 외국인으로 살고 있었기 때문에 우리 둘뿐이었어요. 말할 사람이 아무도 없었죠. 우리가 함께하는 게 가능한 일인지 알기 위해 치료사를 찾아갔어요. 그분이 그러더군요. '이런 경우를 본 적이 있어요. 다만 한 사람이 정말 신중하고 또 다른 사람은 매우 관대할 때만 가능하죠.' 전 노력하기로 했습니다. 그게 10년이나 됐네요. 여러 면에서 지치는 일이었어요. 처음엔 너무 많은 질문을 해서 나 자신을 비참하게 했어요. 이제는 그이에게 많은 공간을 줍니다. 그 대가로 나도 많은 공간을 얻게 됐죠. 혼자 여행한 지 이제 두 달 정도 됐네요. 집에서 무슨 일이 일어나고 있는지 알지만 그것에 대해 묻지는 않아요. 친구들은 왜 내 삶을 살지 않느냐고 물어요. 저도 답을 모르겠어요. 아마 이 나이에 혼자되는 게 너무 무서운가 봐요. 여전히 그이가 내 소울메이트라고 느껴요. 우리는 세상을 바라보는 관점이 같아요. 둘 다 아이들을 사랑하고, 여행과 근사한 음식을 사랑하죠. 그이는 정말 좋은 남자예요. 그냥 게이일 뿐이에요. 우리는 함께 아주 멋진 삶을 살아왔고 저는 아직 그걸 멈출 준비가 안 됐어요."

_미국 뉴욕

"엄마에게 처음 그걸 말했을 때 저는 펑펑 울었어요. 말을 꺼내기까지 10분쯤 걸렸죠. 그러다 마침내 털어놓을 수 있었는데 엄마가 저보고 좀더 생각해보라고 하더군요. 어쩌면 확실하지 않을 수도 있다고요. 그 후 우린 마치 아무 일도 없었던 것처럼 굴었어요. 엄마는 그 일을 아예 입에 올리지도 않았죠. 몇 주 뒤에 제가 다시 얘기를 꺼냈더니 엄마가 고통스런 말을 했어요. 진심인지 아닌지는 모르겠지만, 독신으로 지내는 건 괜찮다고 하셨죠. 우리 가족 중에 결혼 안 한 사람들을 예로 들면서요. 엄마에겐 내가 게이인 것보다 혼자인 게 더 나은 거구나 싶더군요. 전 강요하지 않기로 결심했어요. 가족 간에 다툼을 불러일으키고 싶진 않아요. 우리 교회가 끼어들게 하고 싶지 않아요. 그래서 전 머릿속에서 이야기를 만들어내기 시작했어요. 어쨌든 내게 왜 관계라는 것이 불가능한지에 대해서요. 주로 내 단점들을 확대하려고 노력하죠. '난 너무 불안정하고 질투가 심하고 소유욕이 강해. 아무도 날 매력적으로 여기지 않을 거야.' 그렇게 하면 생각하는 게 좀 덜 괴로워요. 내가 놓치고 있는 게 없는 것 같죠. 왜냐하면 내가 누군가와 함께할 수 있다 해도, 그들은 결코 나와 함께하고 싶어 하지 않을 테니까요."

_홍콩

"나는 엄마를 사랑해요. 최고로 좋은 엄마고 나한테 정말 친절하거든요. 그리고 나는 우리 아빠도 사랑해요. 아빠한테 새 여자친구가 있고 우리랑 더 이상 같이 살지 않긴 하지만요. 그렇지만 엄마는 아빠가 날 아주 사랑하고 많이 아낀다고 말해줘요. 아빠는 정말 바쁘고 우리랑 이야기할 시간이 없대요. 또 멀리 살아서 우리를 보러 올 수도 없죠. 그래도 엄마는 아빠가 날 엄청 많이 사랑한다고 해요."

_영국 런던

"도대체 왜 '아버지의 날' 따위가 있는지 모르겠어요. 빌어먹을 아버지의 날. 아빠는 밑구멍이 찢어지지도 않았고 한 번도 젖꼭지에 피가 난 적도 없잖아요."

_싱가포르

"아내가 해주는 모든 걸 나도 똑같이 할 수 있어요. 젖 먹이는 일만 빼면요. 딸내미에게 이야기를 많이 읽어주고 내 레코드 컬렉션을 보여주면서 그걸 만회하려 하죠."

_아르헨티나 부에노스아이레스

"우리 아빠는 왜 그렇게 핸드폰만 만지는지 모르겠어요."

_대한민국 서울

"아들이 두 살 때부터 저 혼자 키웠죠. 그 녀석이 내 인생을 많은 면에서 구해줬어요. 이전에 저랑 애 엄마는 약을 많이 했지만 애가 태어나면서부터 저는 완전히 관뒀죠. 근데 애 엄마는 그러지 못했어요. 애 엄마는 가끔씩 나타나는데 그러곤 또 몇 달씩 사라져요. 제가 가능한 한 많은 사랑으로 그 구멍을 메워주려 노력해요. 아이는 아직 자기 감정을 충분히 표현할 수 있는 나이가 아니지만, 그럼에도 엄마가 없는 게 아이를 괴롭게 한다는 걸 전 알아요. 제 인생의 모든 불안들로부터 아들을 지켜주고 싶어요. 그런데 어제 여자친구와 헤어지게 됐어요. 여기 앉아서 그걸 아들에게 어떻게 설명해야 하나 그러고 있었네요. 실은 두 사람을 서로 소개하기까지 오래 기다렸었거든요. 그 여자가 아들의 인생에서 또 다른 부재가 되길 바라지 않았으니까요. 하지만 이미 엎질러져버렸어요. 아들을 위해 그걸 어떻게 헤쳐 나갈지 알아내야 해요."

_콜롬비아 보고타

"메뚜기들을 다 놓아주기로 엄마랑 약속했어요."

_일본 도쿄

"아내는 지금 출산휴가 중이에요. 우리 아들은 4개월이고요. 다섯 살짜리 딸도 있어요. 전 잠을 잘 자지 못하는 데다, 필사적으로 일거리를 찾아야 해요. 지금 프리랜서로 일하고 있거든요. 최근에 큰 프로젝트를 몇 개 맡았는데, 이미 다 마쳤어요. 아마 회사에 들어가 일을 해야 할 것 같아요. 그것만은 늘 피하려 했는데, 아이들을 낳고부터는 그게 책임감 있는 일인 듯하네요. 내가 아니었다면 이 세상에 있지도 않았을 존재들에 대해선 항상 더 많은 부담이 있는 법이죠. 그게 어떻게 돌아가는 건지 첫날부터 이해하게 돼요. 아기는 심지어 스스로 먹을 수도 없으니까요. 전부 내 책임인 거죠. 처음 아기를 봤을 때 마치 낯선 사람 같았어요. 우린 이 존재를 몰라요. 아기가 뭘 원하는지, 얘가 누구인지를 배워야만 하죠. 그러다 아이들이 자라면서, 말이 통하기 시작하면서, 우리는 진짜 사람을 보게 되죠. 나와 닮았고 자기 욕구가 있으며 자기 세상이 있는 사람 말이에요. 그건 시간이 지나면서 더 복잡해져요. 그러면 그 세상에서 내가 더더욱 중요해지고요. 그게 큰 부담으로 다가올 수 있죠."

_폴란드 바르샤바

"전 아이를 갖기 전에는 혼자 있길 좋아하는 사람이었어요. 사교적인 사람은 아니었거든요. 사람들을 멀리했죠. 모든 사람이 뭔가 속이 시커멓다고 생각했거든요. 하지만 아이가 제게 가르쳐줬어요. 인간이 태어나면서부터 얼마나 순수한지를요. 물론 얘도 가끔씩은 사탕이나 쿠키를 먹고 싶어서 제게 알랑거리기도 해요. 그렇지만 다른 때는 그냥 아무 이유 없이 날 안아주거든요."

_미국 뉴욕

"지난 몇 년 동안 저는 부정적인 생각을 많이 해왔어요. 세상에 대해, 나 자신에 대해, 다른 사람에 대해서요. 만성 우울증에 시달리고 있었는데 그중에서 가장 두드러진 증상이 부정적인 성향인 것 같아요. 인식이 아주 천천히 바뀌어서 스스로도 알아채지 못했죠. 그게 비정상처럼 느껴지지 않았거든요. 그냥 내가 세상을 분명하게 바라보는 거라고 느꼈어요. 사람들이 기본적으로 비열하다고 생각했죠. 그들과 함께 앉아서 서로 대화하면서 나쁜 사람이 아니란 걸 알아가는 그런 동력을 제 안에서 찾을 수 없었어요. 그런데 아이가 자라는 걸 지켜보는 건 일종의 계시였어요. 아이는 모든 사람에게 긍정적이거든요. 또한 모든 사람이 아이에게 긍정적이죠. 그런 상호작용을 누가 시작하는 건지는 모르겠어요. 하지만 정말 자주 그래요. 버스나 지하철에 탔을 때 고개를 들어보면 아이가 낯선 사람들에게 웃어주고 있거든요. 그러면 사람들도 아이를 향해서 마주 웃어주고요. 그런 게 절 정말 행복하게 합니다. 가끔씩 너무 웃어서 얼굴이 아프다니까요. 내가 웃으면 사람들이 다시 웃어준다는 걸 잊고 있었더라고요."

_독일 베를린

"시내를 걸어 다니는 걸 좋아해요. 매일 오전 11시 40분에 메트로 노스 기차를 탑니다. 체육관에 가는데 거기를 내가 40년 동안 다녔어요. 그러고 나서는 그냥 걷기 시작하죠. 성큼성큼 걷다 보면 그게 정말로 사람을 쫙 펴지게 하거든요. 주변에 엄청 많은 사람들이 걸어 다니죠. 절대 외롭지가 않아요. 사람들이 웃어준단 말이에요. 주말에는 손녀들을 데려와서 같이 다른 이웃동네를 둘러볼 거예요. 지금까지 열 군데인가 열두 군데를 둘러봤죠. 가끔은 오후 내내 손녀들과 보낼 수도 있죠. 지금은 애들이 캠프에 가 있어서 엄청 보고 싶네요. 그 정도입니다. 중고품 가게에서 쇼핑도 좀 해요. 잠깐 멈춰서 신문을 읽고요. 야외 식당에서 밥을 먹죠. 단순하지만 날 행복하게 하는 걸 찾았고 그걸 하고 있어요. 밤에 집에 돌아갈 때 가끔 이런 생각이 들죠. '방금 내 인생 최고의 하루를 보냈어.'"

_미국 뉴욕

"우린 이런 사진을 좋아하지 않는다고요. 나라 전체를 음식에 손을 뻗는 사람 이미지로 축소하다니요. 그건 좋지 않아요. 사람들이 우리를 이렇게 바라보는 것도 안 좋고, 우리 자신을 이렇게 바라보는 것도 안 좋아요. 우리에게 존엄성을 주지 않잖아요. 우리는 누군가 먹을 것을 갖다 주길 기다리는 사람들의 나라로 비치고 싶지 않아요. 콩고엔 어마어마한 농지가 있습니다. 어마어마한 양의 자원이죠. 네, 우리에게 많은 문제가 있어요. 하지만 식량은 우리가 얻으려 애쓰는 게 아니에요. 우리에겐 투자가 필요합니다. 스스로를 발전시킬 수 있는 수단이 필요해요."

_콩고민주공화국 킨샤사

"저는 경찰이 되고 싶어요.
힘을 가지고 싶거든요."

_파키스탄 바부사르 고개

"우편배달부가 되고 싶어요. 사람들에게 자기 생일이 되면 알려줄 수 있게 말이에요."

_미국 뉴욕

"나도 내가 몇 살인지 몰라."

_인도 뭄바이

"처음엔 도박에 중독됐어. 너무 심하게 빠져버려서 가족들과 살던 집을 날려버렸지. 스트레스가 심해서 어쩔 줄 몰랐고 탈출구가 필요했어. 예전에 난 보디빌더였어. 팔뚝이 이렇게 두툼했다고. 당신보다 더 건강했지. 그런데 지금은 이게 내 아침밥이야. 멍해져서 저녁까지 잠들게 하지. 10년쯤 됐어. 이걸 더 오래 하면 할수록, 끊었을 때 더 많은 고통이 나를 기다리고 있지."

_파키스탄 라호르

"처음에는 사교적인 거였어요. 그냥 친구들하고 카드게임을 했거든요. 그런데 시작부터 운이 좋더라고요. 막 이기기 시작했죠. 그러다 푹 빠져버린 거예요. 주말까지 못 기다리겠더라고. 금세 주중에도 카지노에 다니기 시작했어요. 오전 근무를 마치면 오후 내내 하곤 했어요. 책임감은 다 내던져버렸죠. 일단 도박을 시작하면 배고픈 것도 목마른 것도 다 잊어버리고, 심지어는 나한테 가족이 있다는 것도 잊게 돼요. 반찬값을 잃다가 집세를 날리고 결국 전부 잃었죠. 이겼을 때는 엄청난 기분이 들어요. 졌을 땐 이겨야겠다고 느끼고요. 빈손으로 집에 돌아갈 때마다 항상 변명을 꾸며내곤 했어요. 강도를 당했다거나 이번 주에 직장에서 급여를 못 받았다거나. 마침내는 차를 팔아야 했죠. 집도 잃고 아내도 잃었죠. 20년이나 함께했는데. 내 곁에 아내가 있는 걸 그냥 당연하게 여겼었죠."

_콜롬비아 메데인

"그건 짧은 순간이에요. 이틀에서 사흘 정도죠. 삶에 대해, 모든 압박에 대해 잊어버릴 수 있는 날들. 클럽들은 정말정말 아름다워요. 음악도 진짜 좋고, 나이와 배경이 다양한 사람들이 있죠. 모두가 약을 해요. 당신이 뭘 하든 아무도 상관하지 않아요. 겨드랑이 털이 나 있어도 돼요. 여자친구도 사귈 수 있어요. 아무도 신경 안 써요. 모두가 거기 있는 걸 그냥 엄청 행복해 해요. 모두 함께 춤을 추고 다들 엄청 친절해요. 열여덟 살짜리 여자애 눈엔 그야말로 아름다워 보이는 거죠. 내가 찾던 감정이었어요. 그래서 그걸 붙잡았죠. 이 사람들이 내 가족이 됐어요. 하지만 전부 환상이었어요. 결국 그들도 나처럼 길 잃은 사람들이더군요. 나와 다를 바 없이 그저 연약하죠. 그중 어떤 사람은 나보다 나이를 두 배나 먹었는데 말이에요. 친구들은 파티 때문에 직장을 잃었어요. 한 명은 아이도 잃었죠. 나도 마음속으로 알아요. 그 친구들은 그들 자신을 위해 아무것도 하지 않아서 슬프다는 걸요. 그들도 자신이 인생에서 뭔가 놓쳐버렸고 이제 너무 늦었단 걸 알죠. 그래서 그냥 주말을 기다리는 거예요. 그 순간이 다시 오길 기다리죠. 그 순간은 항상 다시 와요. 이틀, 아니면 사흘 더. 그러나 결코 지속되지는 않죠. 왜냐면 월요일이 있으니까. 깨어나면 이런 식이죠. '이런 젠장, 끝났네.' 하지만 괜찮아요. 닷새 뒤에 다시 시작할 테니까. 그러다 어느 날 아침 일어났더니 문득 7년이 흘러가버린 거죠. 이제 당신은 스물다섯 살이에요. 여전히 학교로 돌아가지도 않았고요."

_독일 베를린

"그이는 사무실에서 심장마비가 왔어요. 겨우 마흔 살이었죠. 그날 아침에 같이 집을 나섰는데 그이만 집에 돌아오지 못했어요. 저는 충격을 받았죠. 사람들이 저보고 울라고 했지만 그럴 수 없었어요. 체중이 엄청 줄었어요. 아이들이 여전히 아주 어렸고 나 혼자서 싸워야 한다는 걸 알았죠. 남편은 내 삶의 모든 걸 살뜰히 보살펴주었어요. 우리는 늘 함께였죠. 남편이 모든 것을 처리했기 때문에 내가 이해하지 못하는 게 아주 많았어요. 남편은 항상 우리를 여기저기 태워주곤 했어요. 고속도로를 달릴 때 저는 차에서 잠들곤 했죠. 그래서 저는 지도 읽기는 물론 방향 파악, 그리고 버스 기다리는 법까지 배워야 했어요. 많은 사람들이 몰려올 때는 아주 겁이 났지만 나도 밀어붙이는 걸 배웠죠. 약국에 가서 줄 서는 것도 배웠어요. 간단한 일 같지만 약국에도 항상 남편이 가곤 했거든요. 이 모든 걸 배워야 했어요. 하지만 신께서 그걸 쉽게 해주셨죠. 시간이 정말 빨리 흘렀네요. 저는 교사로 일하면서 가족을 부양했고 두 아이를 가르쳤어요. 이제 아이들도 교사가 되었어요. 이번 토요일에는 우리 딸이 결혼을 해요. 신부 입장을 할 때는 아들이 딸과 함께 걸어주기로 했죠."

_인도네시아 자카르타

"뉴욕을 좋아하는 이유 중 하나는, 이곳이 당신을 필요로 하지 않는다는 걸 끊임없이 상기시켜준다는 점이에요. 마치 야생마를 타는 것과 같죠. 전 예술가가 되고 싶었는데 이 도시가 기꺼이 내게 허락한 건 테이블에 앉아 타로카드를 읽는 일뿐이었어요. 그래서 그 일을 20년 동안 했어요. 내겐 미래를 예측할 능력이 없어요. 모두에게 미리 말하죠. 카드를 옮기는 보이지 않는 손 같은 건 없어요. 내 귀에 비밀을 속삭여주는 영혼도 없고요. 하지만 나는 진정 카드를 믿지요. 당신이 시를 믿는 것처럼 카드를 믿어요. 그 미학을 믿어요. 저는 프렌치카드로 일해요. 아주 오래된 카드죠. 한 장 한 장이 아름답기도 하지만, 테이블 위에 펼쳐놓으면 카드들끼리 서로 말을 걸어요. 카드끼리 서로 관계를 맺곤 했어요. 은유가 되었죠. 저는 그저 각 사람들에게 카드를 보고 그들이 뭘 보고 있는지 설명해달라고 부탁할 뿐이에요. 모두가 자기의 삶을 테이블에 올려놓았죠. 그들만의 기억들이에요. 어떤 이는 예언을 받았다고 생각하고 떠났어요. 어떤 이들은 조언을 받았다고 여기고 떠났고요. 또 어떤 사람은 노래 제목이나 소설의 결말 같은 구체적인 아이디어를 얻게 된 채 떠났어요. 물론 제가 전혀 모르는 노래나 소설이었죠. 어떻게 이런 일들이 가능하냐고요? 왜냐면 모두들 각자의 필요를 카드에 갖고 왔으니까요. 마치 누군가를 만날 때 우리가 그러듯이, 혹은 시를 읽을 때 그러듯이 말이에요."

_미국 뉴욕

"쉬운 일자리였어요. 똑똑하다면 술에 취한 채로도 할 수 있을걸요. 하지만 전 그냥 일상이 지겨웠어요. 하루 종일 술 마시고 담배 피우고 밴드랑 연습하며 시간을 보내곤 했죠. 그러다 저녁이 되면 옷을 갈아입고 서빙을 하러 갔고요. 좀비 같단 기분이 들더라고요. 아무 데도 가지 못하는 기분요. 그러다 하루는 상사에게 2주간 휴가를 달라고 요청했는데 거절당했어요. 그래서 바로 그만뒀죠. 모든 걸 뒤로 한 채 오토바이를 타고 새로운 도시로 달렸어요. 드디어 내가 어딘가로 가고 있다고 느꼈죠. 마치 탈옥을 한 것 같았어요. 내가 발전하고 있는 것 같았죠. 하지만 나 자신에게서 탈출할 순 없었어요. 기회가 없었죠. 음악 말고는 별 기술도 없었고요. 한동안 텔레마케팅 일을 하려 했지만 전 그런 일을 할 부류가 아니더라고요. 그러자 내 삶이 무너졌어요. 쫓겨났죠. 결국 작은 아파트에 살게 됐어요. 스스로를 고립시켰죠. 날 옭아매던 모든 사슬에서 벗어나면 그걸로 행복해질 거라 생각했어요. 하지만 그중 어떤 사슬은 내가 좋아하는 것임을 깨달았어요. 돈을 버는 건 좋거든요. 또 다른 사람들에게 신뢰받는 것도 좋고요. 그 사슬들은 나 스스로를 돌볼 수 있다는 증거였어요. 그걸 잃어버리자 겁이 났고 무너졌어요. 마음을 가다듬기까지 오래 걸렸지만 이젠 나아졌어요. 제겐 치료사가 있어요. 바텐더로 일하고 있지요. 멋진 여자친구와 좋은 아파트, 전용 주차장도 있어요. 내가 도망 나왔던 곳으로 거의 되돌아왔죠."

_캐나다 몬트리올

"올해 초에 직장을 그만뒀어요. 나 자신에게 집중하기 위한 시간을 좀 갖고 있어요. 매일 9시에서 6시까지 일했어요. 집에 일거리를 자주 들고 왔죠. 몸이 아팠고 불안했고 잠을 제대로 못 잤어요. 하지만 제 나약함을 절대 받아들일 수 없더군요. 더 열심히 일하는 다른 사람들을 보고 이렇게 생각하곤 했어요. '저 사람들도 할 수 있는데, 왜 나는 피곤하다고 느껴야 해?' 결국 저 자신을 너무 힘들게 몰아붙였고 우울해졌어요. 제가 속도를 줄이지 못했던 이유 하나는 우리 가족 모두가 열심히 일하기 때문이에요. 부모님은 두 분 모두 건축가예요. 할아버지는 엔지니어고요. 열심히 일하는 것의 중요성을 대대로 전해왔죠. 제 생각에 우리나라에선 일을 멈추는 걸 두려워하는 듯해요. 힘든 시기가 너무 많았잖아요. 배고픔도 너무 심했고요. 오랫동안 우리는 그저 살아남기 위해 언제나 일해야 했어요. 지금은 사정이 나아졌다 해도 그건 벗어나기 어려운 심리예요. 새 직장을 구하려고 면접을 보기 시작했어요. 하지만 이제 다른 질문을 하고 있어요. 돈 걱정은 하지 않아요. 일정에 훨씬 더 관심이 많죠."

_러시아 상트페테르부르크

"아버지가 못 버텨내실 것 같아요. 여기 앉아서 아버지 없는 삶이 어떻게 될지 이해해보려 하고 있었어요. 아버지는 제게 북극성이었어요. 뉴어크 최초 흑인 시장의 수석 보좌관이었고, 교육위원회의 위원장도 지내셨죠. 열여섯인가 열일곱 살 때, 아버지가 연설하시는 데 참석했던 기억이 나요. 그때 아버지가 연단에 올라서자 모든 사람들이 침묵했죠. '어떻게 저렇게 할 수 있을까?' 하고 생각했던 기억이 나요. 그렇게 큰 사람이셨죠. 그러던 분이 쇠약해지는 걸 보니 억장이 무너지네요. 이틀 전에는 제가 병실에 들어갔는데도 반응이 없으셨어요. 링거를 매달고 위장에서 나오는 피를 빼내고 있더라고요. 전 그 방을 나가야 했고 몇 시간 동안 돌아갈 수 없었어요."

"그분의 그늘에서 벗어나기가 너무 힘들었어요. 지역사회에서 너무 유명한 분이다 보니, 사람들이 '쟤가 샤리프의 아들이야'라고 말하지 않고는 전 아무것도 할 수 없었죠. 실패하고 망칠 수도 없었어요. 내가 대변하고 있는 게 항상 그분의 이름이었으니까. 아버지는 본인 방식대로 살아가는 분이셨어요. 아버지로서 있어주기보다는 공인이 되는 것에 훨씬 더 마음을 빼앗긴 그런 분이었죠. 아버지가 오전 6시에 집을 나서서 오전 3시에 돌아오시던 게 기억나네요. 육상대회나 축구시합에 나갔을 때 관중석을 올려다본 적이 많았지만, 아무도 없었죠. 제가 아버지의 싸움에 동참할 나이가 되자 드디어 함께 시간을 보내기 시작했어요. 아버지가 교육위원회에 반대하는 시위를 조직하면 저와 형제들은 거기 쓰일 천막을 설치했죠. 아버지는 언젠가 이런 말씀을 제게 하셨어요. '네가 날 사랑해준다면 좋겠다. 하지만 네가 가족을 부양하고 공동체를 돌보는 사람으로 자라주기만 한다면, 굳이 날 사랑하진 않아도 좋아.' 내가 바라던 걸 아버지에게 받지 못한 것에 대한 원망을 멈추기까지는 오랜 시간이 걸렸어요. 하지만 결국 아버지가 어떤 사람인지를 선택할 수 없다는 걸 받아들였죠. 그리고 그럼에도 전 아버지를 사랑하는 쪽을 택했습니다."

_미국 뉴욕

"다섯 살 때는 사람들이 우릴 재밌는 곳에 데려가줘요.
하지만 불행히도 어려운 것도 배워야 해요. 오늘 저는
'칫솔'이라는 글자를 써야 했어요."

_스페인 마드리드

"처음엔 그게 축복인 줄 알았어요. 모든 불안감이 갑자기 사라졌거든요. 한밤중에 페이스북 글을 쓰고 있었어요. 항상 수줍음을 많이 탔는데 이제 낯선 사람들과도 신에 대해 이야기할 수 있게 됐어요. 내가 예언자 같단 기분이 들었지요. 학교에서 이상하게 행동하기 시작했어요. 학생들에게 우리가 우주선 승무원인 것처럼 행동하라고 말했죠. 이상한 현장학습에 데려가서 이상한 과제를 줬고요. 결국 입에 올리기조차 싫은 난처한 사건이 일어났어요. 저는 망상이 있었고 학생의 물품을 손상시키고 말았어요. 그때 동료 교사가 저한테 와서 의사를 불러야만 한다고 말해줬습니다. 11월에 조울증 진단을 받았어요. 약을 받아왔고 저는 진정되기 시작했죠. 12월에는 우울증이었고요. 몇 달 동안 매일 치료를 받았고 이제 내 삶으로 막 돌아오기 시작한 참이에요. 머리카락을 잘랐어요. 그게 내 과거를 잘라내는 방식이었죠. 최근에 학교로 돌아왔어요. 첫날 교사 회의에서 모두에게 사과를 했어요. 동료들은 모두 저를 친절히 대해주더군요. 특히 학생들을 다시 만나기가 두려웠지만 그리 나쁘지 않았어요. 학생들은 이해한다고 말하더군요. 몇몇은 심지어 다가와서 저를 안아줬고요. 어제는 한 동료와 이야기를 나눴어요. 지난번에 저한테 다가와준 바로 그 사람이요. 저는 모든 사람들이 저를 친절히 대해주고 용서해줘서 얼마나 놀랐는지 얘기했어요. 그 동료는 모두가 저를 오랫동안 알고 지내지 않았느냐며, 다들 내가 그럴 사람이 아니라는 걸 알았다고 했습니다. 내게는 아플 권리가 있다고, 그건 내 잘못이 아니라고도 말해주었죠. 당신이 싸우고 있는 것에 대해 솔직하다면 사람들은 이해해줄 겁니다. 당신을 받아줄 거예요."

_폴란드 바르샤바

"제 개인적인 실패를 모두가 볼 수 있게 전시하는 것 같았죠. 전 그렇게 매력적이지 않아요. 언어 장애가 있어요. 사교성도 좋지 않고요. 다른 남자들이 연애에 성공하는 걸 보면서 많이 부러웠어요. 여자들이 저한테 뭔가 빚진 게 있다는 결론을 내렸죠. 제게 기회를 빚진 거라고요. 그리고 그렇게 기회를 주지 않는 것에 화가 났어요. 지금은 부끄럽지만 그 기간에 저는 나쁜 혐오 의견들을 많이 냈어요. '4chan'과 '레딧'의 인셀* 커뮤니티에 가입했거든요. 거기서 딱 저처럼 느끼는 수많은 남자들을 발견했어요. 그 커뮤니티는 여성 혐오에 유사과학적인 정당성을 제공했어요. 우리 잘못이 아닌 것처럼 느끼게 해줬죠. 우리는 서로 화를 북돋웠어요. 기분 좋더라고요. 솔직히 분노는 엄청 중독성이 있거든요. 고통스러울 때 분노를 느끼면 아드레날린이 나와요. 엔도르핀이 돌고요. 그건 해방감이에요. 뭔가 놓치고 있는 것을 대신해주죠."

_미국 뉴욕

* 인셀: 비자발적 독신(involuntary celibate)의 줄임말.

"저는 이른바 인셀 청소년이었어요. 여자친구를 사귀어본 적이 없고 매춘부하고만 해봤었죠. 자살 충동이 높았고요. 그러던 어느 날 버스정류장에서 귀여운 여자애 옆에 서서 '어떻게 여자들에게 다가갈까?'라고 구글링을 했어요. 그때 픽업 아티스트 포럼을 접하게 된 거예요. 딱 내가 찾던 거더라고요. 제 자폐증의 치료제처럼 보였죠. 찾을 수 있는 모든 동영상을 다 봤어요. 체육관에서 운동도 시작했어요. 하루 종일 여자들에게 다가가며 시간을 보내곤 했어요. 곧 다른 픽업 아티스트들하고 어울리게 됐어요. 걔들은 날 존경했죠. 저한테 배우고 싶어 했어요. 마침내 제가 잘하는 뭔가가 있더라고요. 지금 제 전화기에는 천 개도 넘는 번호가 있어요. 이건 도박 비슷한 거예요. 가끔 잘 되죠. 가끔은 안 그렇고요. 하지만 섹스할 기회가 항상 있죠. 요령을 배울 게 많아요. 여자들은 감정적인 두뇌를 갖고 있거든요. 감정에 중독되죠. 그 점을 유리하게 사용할 수 있어요. 처음 만났을 때 그녀에게 멋져 보인다고 말하세요. 하지만 다시는 엄청난 칭찬을 하지 마세요. 그녀는 항상 확인을 바랄 거예요. 그건 마약 같죠. 그녀에게 '나이에 비해 아름다워 보인다'라고 하세요. '이 조명 아래 멋져 보인다'고 하세요. 칭찬을 반만 해서 여자를 불안하게 만드세요. 그녀에게 뭔가 문제가 있는 것처럼 계속 느끼게 하는 거예요. 당신한테 부족한 여자인 것처럼, 확인을 받으려면 섹스가 필요한 것처럼요. 물론 이건 속임수예요. 하지만 그걸 내가 왜 신경 써야 하죠? 저도 그동안 살면서 엄청나게 속았는걸요."

_네덜란드 암스테르담

"8학년에서 9학년으로 올라가는 여름이었어요. 사귀는 친구가 있었어요. 가끔 그 애가 낮에 말을 걸곤 했어요. 아닐 때도 있었고요. 어느 날 밤늦게 우리는 그 애 집 지하실에서 술에 취했고, 그 애는 제게 그걸 하고 싶은지를 계속 물었어요. 심장이 쿵쾅거렸고 전 겁이 났어요. 계속 말했죠. '어쩌면', '어쩌면', '어쩌면'. 그러자 그 애가 말했어요. '이제 그만 망설여. 동전 던지기로 정하자.' 배 속이 가라앉는 느낌이 들었어요. 그 일이 끝나고 그 애가 말했어요. '위층에서 아빠 목소리가 들린 거 같아. 너 가야겠다.' 전 집에 가서 일기장을 가득 채웠죠. 자주색 샤피펜으로 쓰고 또 썼어요. '그 일은 일어나지 않았어'라고요. 아주 오랫동안 상처 받았다고 느낀 게 제 잘못이라고 생각했어요. 내가 지나치게 예민하게 굴었던 거라고 말이에요. 동의하는 건 동전 던지기가 아니라는 걸 깨닫기까지 5년이나 걸렸죠."

_미국 뉴욕

"1984년 크리스마스이브에 아내를 만났습니다. 전 킹스턴에서 밴드를 했는데 골든 시즈 Golden Seas 라는 크고 멋진 호텔에서 공연을 했어요. 그 호텔은 우리를 건물 뒤편에 있는 작은 집에서 지내게 해줬죠. 거기서 그녀를 처음 봤어요. 집안일을 하고 있었죠. 내 눈이 바로 바빠졌어요. 그녀의 이름은 히아신스였어요. 아름다운 꽃을 뜻하죠. 저처럼 가난했고요. 하지만 그녀에게 언젠가 난 크게 성공할 거라고 했어요. 첫날부터 저는 굉장한 삶을 살게 될 거라고 약속했죠. 정말 굉장한 삶이요. 멋지고 아름다운 집. 다 세지도 못할 만큼 엄청나게 많은 돈. 그런 말을 할 때마다 그녀는 그냥 웃곤 했어요. 소박하게, 부드럽게. 그녀가 저처럼 그걸 기대하고 있었단 걸 알아요. 하지만 결혼 35년 동안 아내는 절대 내게 강요하지 않았죠. 일자리를 못 구하거나 일이 잘 안 풀려도 절대로 문제 삼지 않았어요. 전혀 요구하지 않았죠. 그런 점이 날 더 성공하고 싶게 만들었어요. 하지만 결코 그러지 못했죠. 4월에 아내가 암에 걸린 걸 알게 됐고 이미 너무 늦은 때였죠. 이제 난 혼자예요. 친구를 잃었죠. 그녀와 함께 즐기기를 바랐던 성공이라는 동기 부여를 잃어버렸어요. 실현되지 않았죠. 나는 아내의 집안일과 요리, 육아를 도왔어요. 하지만 편한 삶을 줄 수는 없었어요. 그녀가 죽기 전에 저는 이렇게 말했어요. '히아, 항상 당신에게 좋은 것을 다 주고 싶었어. 우리가 가진 것보다 훨씬 더 많이. 아직 그걸 이루지 못해 미안해.' 그녀는 소박하게, 부드럽게 답했어요. 자메이카에서 늘 하는 말이죠. '아 수 잇 구 Ah suh it guh.' '뭐 그런 거지.'"

_자메이카 몬테고 베이

"항상 천국이 있다고 믿었어요. 하지만 아버지가 돌아가신 후에 그런 이해에만 기대기엔 너무 힘들었어요. 전 아빠를 엄청 따르는 딸이었거든요. 아빠의 죽음은 감정적인 오류였죠. 눈을 감고 아빠가 어딘가 다른 곳에 있다고 상상할 수 있었어요. 하지만 내 삶에서 처음으로 아빠가 정확히 어디 있는지를 짚을 수가 없는 거예요. 대학에서 천문학 수업을 들었지만, 망원경으로 아빠를 찾아낼 수도 없었죠. 아빠의 부재는 내가 생각했던 것보다 훨씬 더 현실적이었어요. 그건 내 믿음을 정말 뒤흔들었어요. 천국이 정확히 뭘 의미하는지에 대해 더 깊이 이해해야 했죠. 저는 지금도 그걸 하고 있어요."

_미국 뉴욕

"여러 의미에서 얘는 그냥 동물 같아요. 생각이 많은 것 같진 않죠. 기분이 좋거나 안 좋거나, 그뿐이에요. 정말 단순해 보여요. 근데 얘가 태어난 지 한 달밖에 안 됐을 때인데, 얘랑 나 둘뿐이었거든요. 얘를 건너다봤는데 제가 제대로 표현할 수 없는 그런 표정을 짓고 있었어요. 사색적으로 보였어요. 거의 멜랑콜리하다고 할까. 노인이 자기 삶을 회고할 때 짓는 그런 표정 말입니다. 궁금해지더라고요. '얘는 우리 모두가 잊어버린 걸 기억하고 있는 걸까?'"

_일본 도쿄

"나는 아흔여섯 살이오. 그냥 약 먹고 죽는 게 낫겠어. 그런 얘기를 할 때마다 마누라는 내 뺨을 때리는 척을 하지. 하지만 난 갈 준비가 됐어. 갑작스러웠으면 좋겠소. 난 달리기를 잘했어. 누군가와 삶을 나눌 수 있을 만큼 운이 좋았고. 마누라는 이제 아흔 살이라오. 오랜 시간을 함께 보냈지. 손자가 일곱 명이에요. 증손자는 여덟 명. 근데 내가 더 이상 할 수 없는 일이 너무 많아요. 돈도 있고 시간도 많아. 능력만 안 되는 거야. 걸을 때마다 온 몸이 아파. 나는 여기 공원에 앉아 있길 좋아해요. 잃어버린 친구들을 생각하지. 사람들이 와서 말도 걸어준다오. 그래, 시간은 흐르지. 그러나 난 준비가 됐소. 두렵지가 않아. 영혼이 가는 곳이면 어디든 가고 싶소."

_스페인 바르셀로나

"우리는 조상들의 영혼을 위해 기도하고 있소이다."

_인도 잠무

처음에 사진 촬영을 요청했을 때 그녀는 거절했지만 지나가던 또 다른 할머니가 우크라이나어로 열정적으로 말하기 시작했다. 확실히 행인의 말에 납득한 듯, 여성은 어깨를 으쓱하고는 포즈를 취했다. 모든 일을 마치고 나는 통역사에게 물었다. "다른 여자분이 뭐라고 하신 건가요?"

"'당신은 이 나라 여자들을 대표해야 하니까 사진 찍는 걸 거절하면 안 돼요'라고 했어요. '이제 영원으로 가는 거예요!'라고요."

_우크라이나 오데사

"행복하게 살고 싶어요. 가난한 삶은 지겨워요. 학교에 다니기 위해 돈을 모으려고 하는데, 되는 게 없어요. 일자리를 찾으려고 세 번이나 집을 나섰어요. 처음엔 가사도우미 일을 구했어요. 하지만 매일 아침 옷을 입으면 그 남자가 저를 만지려고 했어요. 전 겨우 열일곱이었죠. 말하겠다고 위협해도 멈추지 않았어요. 남자의 아내는 그걸 제 탓으로 돌리면서 절 심하게 때렸어요. 온 몸에 멍이 들었어요. 먹지도 못하게 했어요. 하지만 전 학교에 너무 가고 싶어서 남으려 했죠. 그러던 어느 날 아침 그 남자가 욕실에서 강간하려 했고 결국 도망쳤어요. 새로 가사도우미 일을 구했을 때도 똑같은 일이 일어났어요. 이번엔 목사였어요. 왜 제게는 항상 이런 일이 생기는지 모르겠어요. 너무 화나요. 부모님이 가난한 게 화가 나요. 친구들이 학교 다니는 게 화나고요. 페이스북에서 걔들 졸업사진을 보면 울게 돼요. 벌써 스무 살인데, 학교를 마쳐야 하는데 아직 시작도 못 했어요."

_나이지리아 라고스

"군대가 아침 일찍 왔어요. 폭탄 터지는 것 같은 큰 소리에 잠에서 깼어요. 곧 총격이 시작됐고 모두 비명을 질렀어요. 우리는 목숨을 걸고 달렸죠. 날이 어두운데 주변엔 온통 달리는 사람들이었어요. 우리 마을이 국경과 가까워서 안전해지기까지 30분밖에 안 걸렸어요. 그때 몇몇 사람들이 되돌아가기로 했어요. 우리는 모두 다섯 명이었죠. 궁금했어요. 다른 사람들에게 어떤 일이 일어났는지 보고 싶었어요. 우리는 엎드린 채 언덕 꼭대기까지 기어갔고 마을을 내려다봤죠. 시체가 너무 많았어요. 그중 몇은 제 사촌들이었어요. 학교에서 군인 세 명이 여자애 하나를 무릎으로 누르고 있는 걸 봤어요. 여자애가 비명을 지르지 못하도록 입을 막고 있었죠. 전 너무 어지러웠어요. 일어설 수가 없었죠. 커서 가족을 돕는 게 제 꿈이었어요. 열심히 공부하고 있었단 말이에요. 이제는 제가 왜 이런 세상에 살고 싶은지조차 모르겠어요."

_방글라데시 로힝야 난민캠프

"저는 항상 앞줄에 앉았어요. 언제나 반에서 최상위권이었죠. 우리 선생님처럼 교사가 되고 싶었어요. 하지만 7학년에 등록해야 할 때 엄마가 그럴 형편이 못 된다고 하셨어요. 울면서 빌었지만 엄마는 그냥 침묵했어요. 선생님들이 아주 슬퍼하면서 등록금 절반을 내주겠다고 하셨어요. 하지만 그것으로는 충분치 않았죠. 책도 사야 하고 시험도 치러야 하니까. 그래서 엄마는 제게 학교 다닐 운이 없다는 걸 이해시키셨어요. 아직 열일곱 살이지만 전 결혼을 했고 어느 가족의 가정부로 일하고 있어요. 그들의 옷을 빨고 설거지를 하고 화장실을 청소해요. 그 집은 학교 근처에 있어요. 그래서 매일 아침 교복을 입고 지나가는 아이들을 지켜봐야 하죠."

_방글라데시 다카

"엄마가 감옥에 있어요. 보름마다 만나요. 친척 형제들이 엄마를 만나도록 데려가주는데, 면회가 끝나면 저를 남겨두고 가버려요. 할머니는 날 원치 않으세요. 삼촌은 날 때리고요. 전 아무 데서도 살 수 없어요. 엄마가 제 인생에 유일한 사람이에요. 엄마를 보러 갈 때마다 엄마는 제가 친척들과 지내는지 물어봐요. 그러면 엄마한테 '아무도 날 좋아하지 않아, 엄마. 나한텐 아무도 없어'라고 해요. 전 거리에서 자요. 학교도 못 가요. 그냥 형들이랑 어울려요. 가끔 돈을 벌려고 같이 세차를 해요. 지난주에 어떤 아저씨 차를 닦았는데 아저씨가 먹을 거랑 옷을 사주셨어요. 저보고 아저씨네 집에 살아도 된대요. 그래서 아마 거기 가기 시작할 거 같아요."

_이집트 카이로

"부모님은 80년대에 이혼하셨어요. 아버지는 자식들이 다들 본인에게 달려올 거라고 생각했죠. 걸출한 분이셨거든요. 명예 추장을 두 군데서나 맡았고 본인만의 라디오 쇼도 있었어요. 우리 집엔 표지에 아버지 이름이 적힌 책도 여러 권 있었어요. 그래서 아버지는 우리가 다들 본인 편을 들어줄 거라 여겼죠. 절대로 그런 일은 일어나지 않았지만요. 아버지와 관계를 이어가려 한 건 저 하나뿐이었어요. 이제 아버지도 70대에 접어드셨죠. 이제 그분이 전에 갖고 있던 영향력이라든가 이목을 끄는 게 없는 공간으로 떨어진 거예요. 평생 사람들이 아버지 말을 들어왔어요. 늘 중요한 손님들이 집을 방문했고요. 하지만 이제 아버지는 외로운 처지이고 거기에 잘 적응하지 못하는 것 같아요. 페이스북 계정이 네 개나 있으신데, 음, 안 좋아요. 글을 엄청 많이 올리시거든요. 저희 형제들에 대해서 공개적으로 불평을 올려요. 밈도 공유하고요. 심지어 본인 글에 셀프로 '좋아요'를 누르고 온통 대문자로 댓글도 남기시죠. 잘 모르겠어요. 아버지는 본인이 어떤 사람이 됐는지를 못 보는 건지, 아님 그냥 신경을 안 쓰는 건지 말이에요."

_나이지리아 라고스

"부모님은 지금 제 나이일 때부터 함께였어요. 두 분이 헤어지기로 결정하고 나서부터 전 아빠에게서 나던 빛이 희미해진 걸 알아차렸어요. 엄마에게선 빛이 자라나는 것 같았어요. 그냥 엄마는 더 이상 아빠와 함께 성장할 수 있을 거라 생각하지 않는 것 같아요. 엄마는 항상 실용적인 쪽이셨거든요. 아빠는 항상 꿈을 꾸는 쪽이었고요. 아빠는 저랑 게임을 같이 하는 분이었고, 반면 엄마는 숙제를 도와주는 분이었죠. 엄마는 얼마 전 학교로 돌아가서 직장을 새로 구했어요. 아빠는 여전히 자신의 예술이 주목받길 바라고 있고요. 엄마는 아빠가 현실적이 될 필요가 있다고 생각하세요. 아빠는 엄마가 너무 일찍 희망을 잃었다고 생각하시죠."

_미국 뉴욕

"교육을 받기 전에 우리 가족은 그냥 일할 줄만 알았어요. 우리 집은 항상 아주 조용했죠. 할아버지는 노동자였는데 돈을 내고 아버지를 선생님에게 보내서 읽는 법을 배우게 하셨죠. 다른 건 몰라도 본인 이름을 읽고 쓰는 건 배워야 한다고 하시면서요. 내가 태어나고 나서 아버지는 그때 배운 지식으로 저에게 읽기를 가르쳤어요. 지역신문으로 시작했죠. 우리 마을이 한 나라의 일부인 걸 배웠어요. 그런 다음엔 책으로 옮겨갔죠. 저는 이 산 바깥에 전 세계가 있다는 걸 알게 됐어요. 지금은 지역대학에서 정치학을 배우고 있습니다. 언젠가 선생님이 되고 싶어요."

_파키스탄 훈자계곡

"러시아에서 자랐어요. 엄마가 심한 알코올 중독자라 저는 문제가정의 아이들을 위한 시설에서 어린 시절을 보냈어요. 거기엔 폭력적인 애들도 있었고, 음식이 충분치 않은 때가 많았어요. 주말마다 할아버지가 절 데려가서 엄마를 만날 수 있게 해줬어요. 그런데 엄마는 늘 엄청 취해 있어서 우리는 말도 전혀 안 했죠. 몇 년 동안 입양될 기회가 엄청 많았어요. 전 세계에서 오는 가족들이 고아원을 방문하곤 했죠. 하지만 저는 항상 싫다고 했어요. 아버지가 여전히 살아 있었으니까요. 아버지는 감옥에 있었지만 엄연히 살아 있었고, 그래서 전 항상 아버지가 결국 제게 올 거라고 상상했어요. 그러던 어느 날 아침 일어났더니 정말로 아버지가 아홉 살이던 나를 집에 데려가려고 오신 거예요. 삶에서 가장 행복한 순간이었어요. 마침내 우리가 다시 가족이 되겠구나 싶었거든요. 하지만 기쁨은 고작 며칠밖에 안 갔죠. 아버지가 다시 범죄행위에 몸을 담갔거든요. 아버지는 술을 엄청나게 마시기 시작했어요. 곧 엄마를 때리기까지 했죠. 몇 달 뒤 아버지는 우리를 버렸고 저는 다시 고아원으로 돌아가게 됐어요. 크리스마스 날, 아버지가 죽었다고 들었어요. 그 뒤로 제겐 아무도 없었어요. 선생님이 엄마처럼 되어주셨죠. 그분 성함은 안나 미하일로바예요. 선생님이 아니었다면 저는 범죄자가 되었을 겁니다. 선생님은 저를 달래주려고 작은 선물을 가져다주셨어요. 글을 읽고 그림을 그리도록 격려해주셨죠. 제게 바른 길을 보여주셨습니다. 그런데 선생님은 한 가지 약속을 하게 하셨어요. '다음번에 입양될 기회가 오면 반드시 받아들이렴.'"

"확실히 기억합니다. 한 이탈리아인 부부가 학교를 견학하던 중에 우리 교실로 들어왔어요. 그분들은 입양을 할 것처럼 보이지도 않았죠. 그분들 친구가 우리 반 친구 중 한 명을 입양하러 오셨고, 그분들은 그냥 따라다니고 있었죠. 처음엔 그분들이 무서웠어요. 그런데 안나 선생님이 저보고 교실 앞으로 나가도록 하셨죠. 제 그림 중 하나를 그분들에게 드리라고 독려했어요. 그다음 날, 고아원 원장님이 절 사무실로 불렀어요. 그 이탈리아인 부부가 저랑 이야기를 나누고 싶어 한다면서요. 그분들과 한 시간 동안 이야기를 했고 마지막엔 오렌지를 한 봉지 받았습니다. 저는 고아원에 있던 다른 아이들 모두에게 그걸 건넸죠. 제 생각에 그 부부는 이 행동에 감동했던 것 같아요. 왜냐면 그때 절 이탈리아로 초대하셨거든요. 안나 선생님이 제 서류를 모두 준비해주었죠. 저는 결국 그 부부와 몇 주 동안 함께 지냈어요. 이탈리아 곳곳으로 데려다주셨죠. 정말 친절한 분들이었는데 저는 여전히 무서워했어요. 그분들은 엄청나게 큰 집에 살았어요. 저한테 정말 많은 걸 주셨죠. 그분들이 뭐라고 하는지는 한마디도 못 알아들었어요. 왜 나한테 이렇게 잘해주는지 모르겠더라고요. 그분들은 제가 거기 남아 자기들의 가족이 되어주길 바란다고 말했어요. 안나 선생님도 그렇게 하라고 제게 간청하셨죠. 삶을 바꿀 기회라면서요. 하지만 너무 무서웠어요. 제 친구들은 모두 고아원에 있었잖아요. 그래서 그 부부에게 싫다고 했어요. 그 후 러시아에 돌아왔을 때 그분들 연락처가 들어 있는 배낭을 잃어버렸어요."

"해가 갈수록 제 행동은 더 나빠졌어요. 문제아가 됐죠. 싸움에 휘말렸어요. 그러다 열일곱 살이 되었을 때 원장님이 절 고아원 밖으로 내쫓았어요. 안나 선생님이 우셨어요. 제가 떠나지 않길 바라셨거든요. 하지만 감사하게도 선생님은 제가 삶을 잘 살아가도록 준비를 시켜주셨습니다. 설거지나 청소 같은 소소한 일을 하도록 가르치셨고, 옳고 그름에 대해서도 가르쳐주셨죠. 선생님은 제게 사랑을 보여줬어요. 선생님도 자신이 제게 무엇을 해주었는지 아세요. 그렇게 해주신 게 선생님이었다는 걸 알죠. 저는 크리스마스마다, 생일마다, 여성의 날마다 선생님께 연락을 드리고 선생님 덕분이었다고 말씀드려요. 고아원을 떠난 뒤에는 군대에 갔어요. 몇 년간 복무를 마치고 빵 공장에서 야간 일을 시작했어요. 괜찮게 되어갔죠. 월급도 괜찮았고 차도 샀어요. 하지만 제 삶은 앞으로 나아가질 못했죠. 첫 번째 여자친구에게 차였거든요. 전 어두운 곳으로 떨어지고 말았죠. 그러던 어느 날 밤, 어린 시절 보던 아주 낡은 책을 펼쳤는데 전화번호 하나가 툭 떨어지더라고요. 이탈리아 여행 때 만났던 어린 소년의 번호였어요."

"즉시 그 번호로 전화를 걸었습니다. 전 이탈리아어를 하나도 못했어요. 그렇지만 그 이탈리아인 부부의 이름을 반복해서 말했죠. 그러곤 제 전화번호를 남겼어요. 그다음 날 그 부부가 통역사와 함께 전화를 걸어왔어요. 절 그리워했다고, 걱정했다고 하시더군요. 전 그분들께 마침내 제 삶을 바꿀 준비가 되었다고 말씀드렸죠. 그러자 그분들이 말씀하셨어요. '러시아에선 충분했다. 와서 우리와 함께 살자꾸나.' 그래서 피렌체에 왔어요. 도착했더니 그분들은 저를 모두에게 아들이라고 소개했어요. 완전히 새로운 세상이었어요. 첫날 아버지께서 절 앉혀놓고 이렇게 말씀하셨죠. '네가 두려워한다는 걸 안다. 하지만 넌 이제 우리 가족의 일원이야.' 이제 제게도 엄마 아빠가 있어요. 형제와 누이도 있죠. 이모도 삼촌도 있고요. 우리는 함께 축하한답니다. 저는 크리스마스를 축하한 적이 없었죠. 스물세 살이었는데 생일케이크를 받아본 적도 없었어요. 하지만 이제 우리는 이 모든 걸 축하하죠. 슬픔도 함께 나누고요. 함께 헤쳐 나가죠. 이 몇 년 사이에 제 마음속 깊숙한 곳의 뭔가가 변화했어요. 전 더 열려 있죠. 더 배려하고요. 신을 신실하게 믿진 않지만 뭔가가 있는 게 분명해요. 이런 일이 어떻게 가능한 건지 모르겠어요. 어머니 아버지 같은 분은 세상에 또 없을 거예요. 이제 가족을 확장하고 싶어요. 제 아이들을 갖고 싶어요. 아이들에게 제게 일어난 모든 일에 대해 말해주고 싶어요."

_이탈리아 피렌체

"셰익스피어의 소네트를 읽는 중입니다. 그러니까 당신은 제가 사랑에 대해 많은 생각을 하고 있을 때 절 붙잡은 거예요. 사랑의 정의는 이해하기 어려워요. 그리고 그게 바로 우리가 그토록 끊임없이 사랑에 대해 쓰는 이유죠. 심지어 셰익스피어도 사랑에 가닿지 못했어요. 모든 위대한 사랑 이야기는 단지 육체적인 매력에 관한 것 같아 보입니다. 로미오와 줄리엣조차 그들이 서로 같은 영화나 책을 좋아하는지 어떤지 몰랐죠. 하지만 62년 동안 함께하다 보면 사랑은 전적으로 다른 무언가가 됩니다. 제 아내가 1월에 세상을 떠났어요. 아내는 '우린 하나야'라고 말하곤 했어요. 절 믿으세요. 아내는 뭔가를 과장하는 타입이 아니거든요. 이제 아내가 떠났고 그녀가 얼마나 옳았는지 알겠어요. 우리 삶의 아주 많은 부분이 연결되어 있었죠. 우리는 육체적으로 친밀했고 애정이 많았어요. 또한 우리 삶의 모든 의식을 공유했습니다. 영화관을 나설 때마다 아내가 그리워요. 아내의 의견을 묻지 못하죠. 아니면 식당에 갔을 때 제 접시의 치킨 맛을 보여줄 수가 없어요. 가장 그리울 때는 밤이에요. 매일 밤 같은 시간에 함께 잠자리에 들었으니까요."

_미국 뉴욕

"이 사람 이름은 도브로치나예요. '좋은 사람'이라는 뜻이죠. 몇몇 폴란드어 이름은 이렇게 문자 그대로예요. 아내는 만나는 순간 모두를 신뢰해요. 세상에 관해 가장 좋은 것을 믿고 싶어 하죠. 현명하고 재미있고 섹시해요. 그리고 우리는 같은 생각을 해요. 내가 이 사람의 생각을 끝맺고, 이 사람은 내 생각을 끝맺죠. 가끔 우리가 하나의 온전한 존재 같아요. 이 사람이 집에 없을 때마다, 이를테면 회의 같은 데서 논문을 발표한다거나 하면, 제 삶은 기능을 발휘하는 것으로 바뀝니다. 저는 일어나고, 아침밥을 만들고, 심심하면 전시회나 공연장에 가겠죠. 하지만 솔직히 말해서 전 이런 걸 별로 즐기지 않아요. 제 유일한 낙은 내가 뭘 봤는지 나중에 아내에게 얘기해주는 거예요. 세상에 다른 것은 존재하지 않고, 우리 둘만 있어도 괜찮을 것 같아요. 여기로 갔다가, 또 저기로 갔다가, 새로운 장소를 방문하는가 하면, 새로운 친구들도 만나겠죠. 그들은 모두 멋지고 현명하고 똑똑하지만, 모든 존경과 사랑을 담아 말하건대, 친구들은 일시적입니다. 그들 없이도 살아남을 수 있어요. 하지만 이 사람 없이는 못 살아요."

"이 사람이 앓는 종양은 이름이 아주 복잡해요. 여러 단어예요. 처음에는 남은 시간이 3년에서 5년이라고, 고통스럽지 않을 거라고 들었어요. 우리는 계속 살기 위해 노력했습니다. 무슨 일이 일어날지 생각하지 않고, 그냥 가능한 한 보통 때처럼 단순히 행동하려 했어요. 우리가 함께일 때는 그렇게 나쁘지 않았습니다. 하지만 혼자 있는 순간엔 고통스러웠죠. 잠들 때나 일어날 때 말이에요. 그럴 때면 한편으론 어둡고 조용하고 차분한 느낌이 들어요. 하지만 내 앞에는 항상 빈틈없는 공포의 구멍이 있어요. 인생에서 가장 중요한 것이 끝날지도 모른다는 공포 말입니다. 낮에는 그걸 덮어버릴 수 있어요. 바쁘게 지내고, 일에 집중하고, 다른 걸 생각할 수 있죠. 그러나 그런 산만함이 지나가고 밤이 되면, 다시 조용해지면 그 구멍이 되돌아오죠. 항상 거기서 나를 기다리죠."

_폴란드 바르샤바

"우리 둘 다 과부, 홀아비예요. 작년에 노인을 위한 무도회에서 만났어요. 이이는 나를 남편보다 훨씬 더 잘 대해줘요. 남편은 날 마치 길 잃은 개처럼 대했거든요. 때리고 화내고 소리 지르고 물건도 부수고 그랬어요. 남편은 항상 내가 절대 다른 사람은 못 만날 거라고 했거든요. 하지만 이 남자는 달라요. 항상 내게 사랑한다고 해요. 내가 항상 같이 있길 바라죠. 공주가 된 것처럼 느끼게 해주죠."

_브라질 상파울루

"우리는 넉 달 전에 인터넷으로 만났어요. 둘 다 이혼 상태였고요. 이런 느낌이 드는 건 4년 만이에요. 정말 행복하지만 떨리기도 해요. 잘 풀리지 않을 수도 있을 거란 감정을 떨쳐버리기가 힘드네요. 하지만 전 이 남자 프로필 글을 보고 선택한 거예요. '난 정직한 사람입니다. 말한 대로 행동합니다.' 전 많이 실망해왔어요. 과거의 모든 관계는 상처를 남겼죠. 이번엔 아무 상처도 남지 않길 바라고 있어요."

_아르헨티나 로사리오

"키 큰 남자를 찾아요. 여든다섯 살에서 아흔 살까지. 기왕이면 전문가. 명랑해야 돼요. 그것 빼곤 꽤 열려 있답니다."

_아르헨티나 부에노스아이레스

"영감이 아흔두 살인데 나한테 자꾸 달려들어. 등짝을 때려서라도 쫓아내야지. 예전에 애가 열일곱 명 있었거든. 다 지나간 일이지. 샤워하고 나올 때마다 영감이 머리 긴 여자한테 뽀뽀하고 싶다는 노래를 부르기 시작해. 그러면서 그 노래가 내 얘기라는 거야. 그럼 난 이러지. '아니야! 나 아니라고.'"

_브라질 렌소이스

"여자친구를 처음 사귀는 거라서 어떻게 해야 할지 모르겠어요.
무슨 얘기를 해야 할지, 어떻게 앉아야 할지도 모르겠네요."

_아르헨티나 부에노스아이레스

"결혼하고 얼마 지나지 않아 결핵에 걸렸어요. 온 몸에 발진이 생기고 냄새도 지독해서 하루에 세 번 씻어야 했죠. 아내는 항상 신선한 음식을 만들어주고 제가 씻을 때마다 깨끗한 옷을 입혀줬어요. 어느 날 아침, 이 시간 무렵이었는데 아내가 묻더군요. '내가 아프면 똑같이 해줄 거지?' 전 약속했습니다. '난 더 잘해줄 거야.' 아내는 뇌종양으로 몇 년 전에 죽었어요. 인생의 마지막 3년간을 침대에 누워만 있었죠. 마지막이 다가오자 사람들을 알아보지도 못했어요. 뇌에서 나오는 물이 눈 쪽으로 빠져나왔어요. 저는 아내가 화장실 가는 걸 도와주기 위해 매일 세 번씩 가게에서 집으로 달려왔습니다. 항상 자세를 바꿔줬죠. 아내는 욕창 한 번 앓은 적이 없었어요. 마지막엔 의사가 '부인을 이보다 더 잘 돌볼 수는 없을 겁니다'라고 했죠."

_파키스탄 카라치

"외출하거나 춤도 출 수 없으니 그런 게 그립죠. 다른 사람들을 방문하는 것도요. 우리는 매주 수요일에 노인센터에서 자원봉사를 했습니다. 아내가 피아노 연주를 하면 난 악보를 넘겨줬어요. 찬송가는 아내가 마지막까지 기억한 것 중 하나였죠. 음악은 아내의 삶이었어요. 하지만 어느 날 더 이상 연주를 하지 않았습니다. 내가 직원들에게 다른 사람을 찾아야 할 거라고 했죠. 그 후 우리는 이곳에 머물고 있습니다. 이걸 저주로 여기진 않아요. 영광이죠. 주님께서 내게 주신 일이에요. 아내는 평생 가족을 위해 헌신했어요. 이제 내가 아내를 섬길 차례죠. 정신적으로는 그녀를 가질 수 없을지도 모릅니다. 하지만 그녀는 여전히 내게 있어요. 여전히 미소 짓게 만들 수 있죠. 내가 보글보글 소리를 내고 입김을 후 불면 아내는 웃음을 지어요. 매일 아침 우리는 이 의자에 앉아 점심때까지 서로 껴안고 있어요. 난 손자들보다 이 숙녀 분이 더 좋아요. 아내는 내 피부를 느끼려고 셔츠 아래로 손을 미끄러뜨리길 좋아해요. 여전히 키스길 좋아하고요. 이따금씩 손을 뻗어 내게 키스를 해요. 가끔씩 아내는 재잘거리기 시작합니다. 실제 언어를 말하는 건 아니에요. 전혀 말이 안 되죠. 그래도 절대 아내에게 조용히 하라고 하지 않습니다. 아무것도 안 하는 것보단 훨씬 나으니까요."

_미국 미시간

"결혼이란 건 두 가지로 이뤄져 있어요. 성적인 만족, 그리고 대를 이어가는 것. 그게 다예요. 쓸데없는 사람들만 사랑 타령을 하죠. 연애결혼의 결과는 절대 만족스럽지 않습니다. 이혼하고 싸우고 바람피우고 그러죠. 중매결혼에서는 그런 일이 안 생겨요. 중매결혼은 항상 성공적입니다. 사랑은 쓸데없는 사람을 위한 거죠. 그럼에도 만약 사랑을 느끼고자 한다면 적어도 소득 수준이 비슷한지 정도는 따져봐야 돼요."

_인도 자이푸르

"아버지가 아주 엄하셨어요. 우리는 집밖을 나설 수 없었죠. 아버지 작업장이 우리 아파트 건물 건너편에 있었는데, 우리가 창밖을 훔쳐보기라도 하면 호통을 치곤 하셨어요. 감옥 같았죠. 우리는 그냥 집에 머무르면서 아버지께 차와 음식을 만들어드리고 텔레비전을 봤어요. 대부분 이집트 스타들이 주연을 맡은 흑백영화들이었죠. 사랑 이야기를 제일 좋아했어요. 하지만 제겐 판타지일 뿐이었죠. 아버지가 제 구혼자들을 다 쫓아버렸거든요. 그사이에 전 이웃 사람과 사랑에 빠졌어요. 그 사람은 키가 크고 피부가 밝고 머리를 뒤로 빗어 넘겼어요. 전 제일 사랑스러운 드레스를 입고 머리를 단장한 뒤에 그 사람 집 창문 밖에 서 있었죠. 항상 제게 웃어주더라고요. 그때만 해도 제가 예뻤거든요. 그 사람을 사랑했죠. 그는 제 친구에게 저와 결혼하고 싶다고 말했어요. 하지만 아버지가 저를 사촌에게 시집보냈고 그때부터 비극이 시작됐어요. 전 애들을 연달아 낳았어요. 남편이 정말 무능력했기 때문에 온종일 일해야 했죠. 남편은 진짜 놈팡이예요. 그런데 전 여전히 첫사랑 옆집에 살아요. 그 사람은 대학 학위가 있어요. 그리고 절 볼 때마다 미소를 짓죠."

_이집트 카이로

"이 사람이 나한테 푹 빠졌지.
내 엉덩이가 엄청 컸거든."

_칠레 산티아고

"아이를 진정시키기가 엄청 오랫동안 불가능했어요. 계속 안아줘야 하는 아기였거든요. 유모차도 카시트도 싫어했어요. 여행 가는 내내 소리를 질러댔죠. 버스에서 사람들이 쳐다보곤 했어요. 전 신경 쓰지 않으려 했지만 누군가 걱정스러워하는 기색을 비치면 바로 아이를 안아 들곤 했죠. 아이가 완벽하게 괜찮다는 걸 알았지만 남들에게 어떻게 보일지 두려웠거든요. 그래서 항상 애한테 져줬고 계속 그렇게 대응했어요. 아기들은 정말 똑똑해요. 특히 우리 페이트는요. 얘는 계속 밀어붙이면 결국 자기 뜻대로 될 거라는 걸 알게 됐죠. 그게 남편과 저를 지치게 했어요. 정말 피곤했어요. 결국 우리는 '이제 그만'이라고 말해야 하는 때까지 왔죠. 유모차가 제일 힘들었어요. 다른 대부분의 육아 일은 남들 있는 데서 하지 않으니까요. 져주는 걸 그만두기로 결심한 직후에 아이를 슈퍼마켓으로 데려갔어요. 페이트가 소리를 질러댔죠. 저는 침착함을 유지하면서 헤드폰을 쓰고 있었어요. 몇 분 뒤에 어떤 여자가 다가오더니 헤드폰을 귀에서 벗겨내더라고요. '그쪽을 15분 동안 지켜봤는데요. 왜 애한테 말을 안 하세요? 왜 안아주지 않느냐고요?'라고 호통을 쳤어요. 그전에도 사람들이 절 유심히 지켜보고 있으리라고 예상은 했지만 실제로 누군가 목소리를 높인 건 처음이었죠. 솔직히 말해서, 그때가 바로 다른 사람들이 어떻게 생각하건 신경 쓰는 걸 멈춘 순간이에요. 얘는 내 딸이에요. 난 아이가 안전하다는 걸 알죠. 괜찮다는 걸 알아요. 전 아이가 앞으로 살아갈 수 있도록 준비해주는 거예요. 더 견실한 어른이 될 수 있도록 말이에요. 인생이란 원하는 걸 다 얻을 수 없는 법이잖아요."

_네덜란드 암스테르담

"작년에 이혼했어요. 아직도 제게 일어난 일들을 영적인 의미에서 이해해보려고 노력하고 있어요. 제가 사실 게자리거든요. 게자리인 사람은 인간관계를 맺을 때 그 사람과 합쳐져요. 상대방의 눈을 통해 세상을 바라보죠. 그들의 모든 가족사와 세대 간의 카르마를 모두 이해해요. 우리는 상대의 자아와 환상을 깨뜨려서 그를 더 나은 사람으로 만들어요. 이건 우주 속으로 여행을 떠나는 걸 의미해요. 근원 그 자체를 향해서요. 네, 약간 미쳐간다는 뜻이에요. 하지만 확실히 그 사람은 영적인 세계에 대한 준비가 되어 있지 않았죠. 왜냐하면 바람을 피우려 했거든요. 저는 알았죠. 나쁜 에너지를 느낄 수 있었어요. 몇 달간 향을 피워 집을 정화했어요. 그리고 어느 날 밤 남편의 아이폰에 로그인을 한 후 어디 있는지 추적했어요. 그가 한 외딴 레스토랑에서 다른 여자와 함께 있는 걸 발견했죠. 저는 남편 뒤에서 의자를 잡아당겼어요. 남편은 너무 놀라서 제대로 설명도 못하더라고요. 변명의 여지도 없었죠. 그게 무슨 뜻이건, 그는 '너무 심하잖아'라는 말밖에 못 하더군요."

_싱가포르

"오늘 토성이 사수자리를 떠나서 염소자리로 이동해요. 그렇지 않았을지도 모를 일들이 이제 실현될 겁니다. 말하고 생각하는 시간은 끝났어요. 지금은 행동할 때예요."

_미국 뉴욕

"세상에 불을 지르려는 건 아니지만 제게는 뭔가 도전할 것이 필요합니다. 중대한 고비에 다다랐고 뭔가 결정을 내려야겠단 느낌이 들어요. 지금까지 전 그냥 둥둥 떠다녔죠. 오랫동안 같은 직장에서 일했어요. 매일 생활도 똑같고요. 담배, 술, 뭐 그런 거요. 그저 소비자가 되는 건 아주 쉽죠. 즐거움을 추구하고 고통을 피하는 건 정말 쉽잖아요. 미래와 직면하거나 늙는다는 생각을 하지 않아도 되니까요. 딱히 뭘 할지 염두에 둔 건 없어요. 아마 더 나아가거나 새로운 곳으로 옮길 수도 있겠죠. 한동안은 아들하고 살 것 같고요. 저는 그냥 길을 정한 다음, 내가 하겠다고 말한 것들을 실행할 수 있다는 걸 증명하고 싶어요. 설사 제가 해낼 수 없다고 하더라도 최소한 제 자신에게 솔직해지고 싶습니다. 그러면 자책하는 걸 멈출 수 있을 테죠."

_호주 시드니

"대학교 1학년을 막 마쳤어요. 90년대 영화처럼 나무 아래 앉아서 책을 읽거나 요트를 가진 멋진 남자애를 만나는, 뭐 그런 걸 기대했죠. 근데 전 좋은 주인공이 아닌가 봐요. 제 인생은 끔찍한 영화 같아요. 일단 기숙사 방에서 빈둥거리고 잠을 엄청 자요. 성적은 형편없고요. B 하나 받은 게 전부고 나머지는 C랑 D예요. 부모님은 언제나 제 편이셨고, 그래서 절 제지하는 사람이 아무도 없죠. 전 그냥 자유를 잘 못 다루는 것 같아요. 전 스스로에게 한 약속을 지키는 법을 배워야 해요. 우습게도, 다른 사람들을 실망시키는 건 싫어해요. 사람들에게 외면 받긴 싫으니까요. 하지만 자기 자신을 실망시키는 것은 어렵지 않죠. '나'는 어디에도 안 갈 테니까, 항상 여기 있을 거니까요. 내가 지닌 문제와 나쁜 습관은 평생 다룰 수 있을 테니, 그저 계속 미루고만 있죠. 하지만 그걸 멈춰야 돼요. 상황이 너무 끔찍해져서, 그래서 어쩔 수 없이 변화해야 하는 건 싫잖아요. 스터디그룹에 가입하려고요. 또 외식을 점점 줄이고 있어요. 운동도 더 할 거고요. 주말마다 술 마시는 것도 그만둘 거예요. 지금부터 제가 지켜야 할 선을 알아나갈 겁니다. 날 나쁘게 대하는 남자애들과는 말도 안 섞을 거고요. 이번 여름에 전 다시 태어날 거예요."

_캐나다 토론토

"엄마가 왜 날 싫어했는지 모르겠어요. 다른 사람에겐 안 보이는 병이 엄마에게 있었어요. 하지만 엄마는 내가 아픈 거라고 확신했죠. 모든 게 다 저 때문이라고, 제가 괴물이라고요. 엄마는 모든 것을 흠잡았어요. 먹는 방식이라든가, 제게 기쁨을 가져다주는 거라면 뭐든지 말이에요. 엄마는 저를 부정하곤 했어요. 제가 그걸 방어하려고 하면 때리기까지 했죠. 점심과 저녁이 무서웠어요. 엄마와 마주쳐야 하는 시간이니까요. 전 어린 시절을 온통 혼자서 보냈어요. 그냥 정원에서 고양이들과 놀았죠. 아니면 침실 바닥에 앉아 있는 게 전부였어요. 지구 위에 있고 싶지가 않아서 내 몸을 떠나려고 엄청 애쓰곤 했어요. 그럴 때면 영혼과 요정들이 찾아왔어요. 성모 마리아도 오셨죠. 그들이 전혀 무섭지 않더라고요. 오히려 위로를 받았어요. 일곱 살 때 혼자 나무 밑에 앉아서 요정들과 이야기를 나누던 일이 기억나네요. 다른 여자애가 다가와 제게 무슨 게임을 하고 있냐고 물었어요. 그때 제가 보고 있는 걸 아무도 못 본다는 사실을 깨달았죠. 그 이후로는 아주 외로운 삶이었어요."

_프랑스 파리

"거의 서른다섯 살 때였어요. 다들 날 결혼시키기엔 시간이 촉박하다고 여겼죠. 우리 교회 목사님이 히로시라는 남자를 소개해 주기로 했어요. 뉴욕에 사는 치료사인데 곧 일본 집을 방문할 계획이라고 하더군요. 편지를 교환하면서 관계를 시작했어요. 그가 보낸 편지는 아주 너저분했어요. 우표가 비뚤게 붙어 있고 글씨도 지저분했어요. 하지만 크게 신경 쓰지 않고 그가 일본에 올 때 공항에서 만나기로 했죠. 비행기가 여섯 시간 연착됐어요. 하루 종일 기다렸죠. 드디어 착륙했는데 그 사람은 저를 찾아볼 생각도 하지 않더라고요! 그냥 기둥에 기대 책을 읽기 시작하더군요. 제가 그를 발견했을 때 우리는 신칸센 막차를 타려고 뛰어야 했어요. 그의 집으로 향하는 동안 히로시는 낡아빠진 여행가방에서 선물을 차례로 꺼내놓았어요. 잡동사니뿐이었죠. 사탕, 엽서, 빨간 고래가 그려진 접이식 우산. 그에게 전혀 끌리지 않았어요. 뭣보다 그의 행동이 정말 당황스러웠어요. 가판대에서 점심 도시락을 사서 기차에서 먹었거든요. '이거 맛있네요! 정말 맛있어요!' 계속 그러더라고요. 너무 큰 소리였죠. 전 모르는 척했어요. 마침내 그 사람 집에 도착했고 그의 어머니에게 넘겨주고는 다신 만나지 않기를 바랐죠."

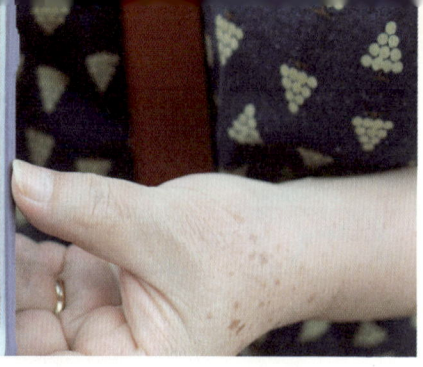

"우리 가족은 제게 짝을 맺어주려고 안달했어요. 그 남자한테 한 번 더 기회를 주라고 설득하더군요. 오빠가 콘서트 티켓 두 장을 선물하면서 히로시를 초대할 거란 약속을 제게 받아냈죠. 우리는 기차역 근처 분수대 옆에서 만나기로 했어요. 얼마 후 히로시가 도착했는데 그때 저한테 손을 흔들려고 원래 쥐고 있던 둘둘 만 신문을 들어 올렸어요. 그 몸짓에서 제가 정말 사랑했던 우리 아버지가 떠올랐죠. 잠깐이나마 매력을 느꼈습니다. 하지만 그것 말곤 정말 엄청난 괴짜여서 제가 거의 이해할 수 없었어요. 외국에 너무 오래 있어서 일본말을 아주 못했어요. 그리고 낡은 남색 오리털 코트를 입고 있었는데 마치 〈바람과 함께 사라지다〉에 나오는 코트 같았죠. 콘서트가 진행되는 동안 그는 전혀 집중하지 않았어요. 줄곧 노트에 낙서를 하고 있었죠. 결국 어떤 이유에서인지 제가 그의 기분을 상하게 했던 것 같아요. 집에 가는 길에 돌아서서 이렇게 말해버렸거든요. '당신과 있는 게 전혀 행복하지 않아요.' 우리는 싸우면서 헤어졌어요. 하지만 우리 가족은 포기하지 않았어요. 며칠 뒤 가족들이 히로시를 점심식사에 초대했거든요. 한겨울이었는데 리넨 바지를 입고 나타났죠. 그는 어쩐지 모두에게 좋은 인상을 줬어요. 식사를 하는 동안 언니가 저를 부엌으로 끌어당기더니 속삭였죠. '넌 이 불쌍한 남자랑 결혼해야 돼. 뉴욕에 가서 그를 돌봐줘.' 마침내 전 동의했죠. 당시 전통은 신랑이 신부 가족과 선물을 교환해야 했어요. 히로시는 돈이 별로 없었는지 그가 찾을 수 있는 가장 저렴한 시계를 샀죠. 그러고 나서 우린 미국대사관에 혼인신고를 하러 갔습니다. 몇 주 뒤 함께 뉴욕으로 떠났죠. 그 도시를 보고 전 정말 들떴어요. 흰 베레모를 쓰고 제일 멋진 분홍색 실크 코트를 입고 공항에 갔죠. 하지만 제 행복은 오래 가지 못했어요."

"뉴욕에 도착했을 때 히로시가 엄청나게 좁은 원룸에 살고 있다는 걸 알게 됐죠. 정말 충격적이었어요. 가장 첫 번째 기억이 뭐냐면, 창문을 열고 골목을 건너다봤는데 두 남자가 서로 면도해주는 장면이었어요. 처음 몇 달은 그냥 고생이었죠. 히로시는 엄청 까다로웠어요. 그가 단지 내 비서 경력 때문에 결혼한 게 아닌가 싶더군요. 한 번은 저녁을 만들어줬는데 히로시가 식탁을 엎어버렸어요. 그날 밤 울면서 언니에게 전화를 걸었죠. 하지만 언니는 다시 집에 돌아올 순 없으니 계속 노력해보라고만 하더라고요. 로맨스는 하나도 없었죠. 히로시는 손잡는 걸 싫어하고 키스도 안 했어요. 잠자리마저 고통스러웠어요. 스프링이 튀어나온 소파에서 잤거든요. 이런 형편없는 대우를 받았지만 그래도 전 항상 그를 불쌍하게 여겼어요. 과거에 대해 더 많이 알게 됐죠. 그의 아버지가 제2차 세계대전 때 돌아가셨다는 걸 알게 됐어요. 그때 히로시의 어머니는 다른 남자와 재혼하기 위해 그를 버렸어요. 히로시는 내면에 깊은 트라우마를 지니고 있었습니다. 매일 밤 잠자리에 들기 전에 그는 일본어 연습을 고집하곤 했어요. 가끔씩 전통 우화들을 암송했는데 첫 번째로 제게 말해준 우화는 늘 기억에 남아 있어요.『옛날 옛적 한 소녀와 소년이 태어나길 기다리고 있었다. 신은 소년에게 속마음을 털어놓으며 말했다. '이 소녀를 꼽추로 만들겠다.' 소년은 그러지 말아 달라고 애원했다. '대신 저를 꼽추로 만드십시오.' 신은 그 소원을 들어주었고 소년은 꼽추로 태어났다. 소녀는 마을에서 가장 아름다운 여자로 자라났다. 소녀에게는 구혼자가 많았다. 하지만 소년은 너무나 외로웠다. 어느 날 밤, 그는 소녀의 집 문을 두드렸고 어떻게 그가 그녀 대신 꼽추가 되었는지 말해줬다. 감동한 소녀가 눈물을 흘렸다. 감사를 표하기 위해 소녀는 그와 결혼하기로 했다.』"

"히로시는 늘 아이를 원치 않았어요. 단호했죠. 우리 결혼식 날, 누군가 아이를 몇 명 갖고 싶으냐고 그에게 물었는데 마치 기절할 것 같아 보이더군요. 하지만 결혼 3년 만에 임신이 됐어요. 히로시는 아기 심장박동 소리를 듣자마자 마음이 바뀐 것 같았어요. 전에는 그런 적이 없었는데 점심을 먹으러 집에 오기 시작하더라고요. 어느 날 제가 부엌에서 국을 끓이고 있는데 갑자기 양수가 터졌어요. 고작 22주였죠. 너무 빨랐어요. 저는 곧 피가 나는 걸 알아차리고 거실로 기어갔어요. 히로시가 급하게 저를 밖으로 데리고 나갔습니다. 그는 콘 에디슨 트럭을 멈춰 세우고 운전기사에게 우리를 병원에 데려다달라고 부탁했죠. 도착했을 때 의사가 그러더군요. '아기가 태어나고 싶어합니다만, 살아남진 못할 겁니다.' 이내 분만을 했고 히로시는 우리 아들 모습을 봤어요. 이름을 타로라고 짓기로 했었는데…. 그때 히로시가 우는 걸 처음 봤어요. 보통 땐 그리 조용하던 사람이 커튼 뒤로 물러나 비명을 지르더라고요. 마치 고통에 휩싸인 짐승처럼 울부짖었습니다. 어린 시절부터 그는 인생에서 주변 사람들을 모두 잃어왔어요. 남동생이 어릴 때 죽고, 아버지가 전쟁으로 죽고, 어머니는 그를 버렸죠. 그를 데려다 기른 할아버지도 돌아가셨어요. 히로시는 평생 혼자였습니다. 아이를 잃은 뒤, 전 그 사람을 위로하고 싶었어요. 손을 잡아주고 싶었죠. 하지만 그는 혼자 있고 싶어 하더군요."

"2년 뒤에 하나코가 태어났어요. 결혼 5년째 되던 해였는데 갑자기 모든 게 변했죠. 그 순간 전 완전히 하나코의 엄마가 되었고, 히로시의 아내로서는 멀리 물러나게 되었죠. 아동심리학을 공부해왔기 때문에 아이를 어떻게 기르는지 알았어요. 그 점은 우리 관계에서 제게 좀 더 주도권을 줬습니다. 히로시가 제게 조언을 구하지 않을 수 없었거든요. 우리는 딸에게 무슨 책을 읽힐지 함께 정했어요. 어떤 활동을 할지, 어느 학교에 다닐지도 의논했죠. 우리 둘 다 딸을 정말 사랑했거든요. 딸을 밖에 데리고 다닐 때 히로시는 딸에게만 너무 집중한 나머지, 자기 신발을 반대로 바꿔 신은 게 여러 번이었어요. 매일 밤 집에 돌아오면 딸아이를 씻기고 산책을 시켰죠. 그는 친절해졌어요. 더 사려 깊어졌죠. 딸아이한테만이 아니라 저한테도요. 한밤중에 아기가 울면 히로시는 저를 계속 자도록 두고 자기가 아기에게 갔죠. 하나코의 아버지로서 그를 사랑하게 되었습니다. 여자로서 남자를 사랑하는 그런 건 절대 아니었지만, 딸을 키우는 데 도움을 주는 사람으로서 사랑하게 된 거죠."

"히로시는 2년 전에 죽었어요. 한편으론 해방감을 느꼈죠. 내 인생의 대부분을 그를 돌보며 보냈거든요. 아마 그가 내 삶의 80퍼센트를 차지했을 거예요. 텅 빈 아파트에 앉아 있자니, 히로시로 인해 제가 얼마나 많은 결정을 내려왔는지 분명해지더군요. 무엇에 웃고 무엇에 울지, 식사 준비를 어떻게 하고 무슨 식재료를 사야 할지 말이에요. 상점에 가면 항상 그 사람이 좋아하는 걸 찾았죠. 몸이 기억하는 거예요. 그가 죽은 뒤에도 내가 같은 통로를 걷고 있는 걸 발견해요. 그가 가장 좋아하는 걸 고르는 거죠. 나중에서야 깨닫고 다시 그것들을 선반에 되돌려놓죠. 히로시는 말년에 치매에 걸렸어요. 더 의존적이게 됐죠. 혼란스러워했어요. 가끔 어딘가로 사라지기도 했고요. 함께 보낸 마지막 밸런타인데이에 그는 슈퍼마켓에 가서 하트 모양 쿠키를 사줬어요. 처음으로 받은 밸런타인데이 선물이었죠. 하지만 그는 절대 사과하지는 않았어요. 전 사과를 받고 싶었죠. 나쁜 일에 대해서요. 그냥 간단한 사과요. 그가 죽고 나서 내 옛 모습이 다시 살아나는 걸 느낄 수 있었습니다. 고향으로 돌아왔죠. 다시 크게 웃기 시작했어요. 내 소리를 들을 수 있을 만큼 아주 크게 웃어요. 그리고 삶이 달라질 수 있었던 모든 방법들에 대해 생각하기 시작했어요. 다른 사람과 함께했더라면 더 행복했을까? 다른 구혼자들을 생각해봤죠. 그 사람은 더 잘생겼고, 그 사람은 돈이 더 많았고, 그 사람은 더 친절했지. 하지만 히로시는 저의 선물이었고 신이 보낸 도전이었다고 생각합니다. 그는 저 대신 꼽추가 된 소년이었어요. 죽기 직전에 히로시는 끔찍한 고통을 겪었어요. 계속 신음했죠. '아파, 아파, 아파.' 전 몸을 숙여 그의 귀에 속삭였어요. '이제야 깨달았어. 내 그리스도께서 당신 안에 있다는 걸.' 그 순간 통증이 가라앉았어요. 신음소리가 멎었죠. 그는 평화로운 가운데 떠났습니다."

_일본 도쿄

"얘는 겨우 다섯 살이지만 노인네처럼 행동해요. 우리의 철없는 농담이 지겹다고 말하던 중이었어요. 앤 노는 것도 안 좋아해요. 학교를 마치면 보통 곧장 집에 와서 책을 읽어요."

_케냐 나이로비

"저는 열네 살이에요. 제 친구들은 다들 당장 어른이 되는 것에 미쳐 있어요. 술을 마시고 담배를 피워요. 천박한 행동을 하려고 하죠. 부모님에게서 떨어져서 자기들이 독립적이란 걸 증명하려고 뭐든지 할 거예요. 개인적으로 전 좀 더 오래 어린아이이고 싶어요. 부모님과 시간들 보내는 게 좋거든요. 전 떠나려고 서두르지 않아요. 가능한 한 이 시간이 오래 지속되길 바라죠."

_러시아 상트페테르부르크

"8학년을 그리워할 것 같진 않아요. 힘든 한 해였거든요. 많은 친구들이 우울증과 자해로 힘들어하는데 지켜보기 힘들어요. 그냥 친구들이 너무 걱정스러워요. 어떤 사람들에겐 어른이 된다는 게 너무 힘들잖아요. 그건 진짜 큰일이죠. 그러니까, 그게 우리의 토대인 거죠. 나 자신이 되어가는 거요. 그건 정말 큰일이고 우리가 바로 지금 겪고 있는 거예요. 어떤 애들은 자신을 사랑하고 삶을 사랑하는 데 어려움을 겪고 있어요. 제 생각에 그 친구들은 우리가 아직 배우는 중이라는 걸 잊은 것 같아요. 자기가 이미 그렇게 될 사람인 것처럼 생각해요. 미래를 안다고 생각하죠. 그리고 그게 끔찍할 거라고, 절대 고칠 수 없을 거라고 속단해버려요. 하지만 그건 사실이 아니죠. 우리는 여전히 달라지고 있으니까요. 언제나 그럴 거예요. 나이를 먹더라도 우린 계속 변화할 거예요."

_미국 뉴욕

"이 부근의 범죄는 통제 불능입니다. 길거리를 걷는 것도 안전하지 못해요. 대낮에도 가방과 전화기를 낚아채죠. 해가 지면 훨씬 위험해요. 사업에 안 좋죠. 고객들이 겁을 먹고 있거든요. 경찰은 아무것도 안 하니까 어쩔 수 없이 우리 손에 맡겨야 하죠. 얼마 전 제 고객 중 한 분은 차를 털렸어요. 그 고객의 신발을 수선하는 동안에 차 유리가 깨지는 소리를 들었죠. 남자 세 명이 노트북을 들고 도망가는 걸 봤어요. 그중 한 명을 쫓아가서 셔츠를 붙잡고 때렸죠. 그놈 형제들한테 전화해서 이놈을 곧 죽일 거라고 했어요. 아니나 다를까, 걔들이 노트북을 갖고 돌아왔죠. 그래서 그놈을 돌려보냈어요. 하지만 다음 날 경찰이 가게에 오더니 제 손으로 문제를 해결해서는 안 되는 거였다고 하더군요. 다음번엔 감옥에 갈 거라고 하면서요. 아니, 대체 어떻게 해야 하나요? 고객들이 도둑맞게 내버려두라는 건가요? 그러면 얼마 안 가서 고객이 하나도 안 남겠죠. 경찰이 범죄를 막지 못한다면 응당 우리 손으로 막아야 합니다."

_남아프리카공화국 요하네스버그

"우리에게 가장 필요한 건 치안이에요. 그것 없이는 아무것도 돌아가지 않아요. 우리가 여기서 체스를 둘 수 있는 것도, 지금 바로 이 장소에 치안이 조금이나마 작동하고 있기 때문이죠. 하지만 바로 지금뿐이에요. 딱 이 순간 말입니다. 이 나라에서는 안전이 오랫동안 보장된 적이 없거든요."

_남수단 주바

"어린 시절엔 삶이 편했어요. 전 부르키나파소에서 자랐어요. 아버지가 초등학교 선생님이었고 우리에겐 필요한 게 다 있었어요. 그러나 제가 열한 살 때 아버지가 돌아가셨죠. 3년 뒤에 어머니도 돌아가셨고요. 그래서 고아가 되었습니다. 남동생, 여동생과 함께 남겨졌어요. 걔들은 아주 어렸죠. 거의 기억하지 못할 정도로 너무 어렸어요. 그리고 우린 아무것도 없었죠. 동생들을 돌보는 법을 배워야 했어요. 남동생이 특히 큰 충격을 받았어요. 하지만 다짐하고 다짐하고 또 다짐했어요. 우리는 절대 학교를 떠나지 않고 서로 헤어지지도 않을 거라고요. 저는 신학교를 중퇴하고 기술학교에 등록했어요. 열심히 싸웠습니다. 작은 물건을 팔았어요. 극단을 시작해 NGO와 계약을 맺고 벽촌에서 교육용 촌극을 공연하기도 했습니다. 그런 뒤 소셜미디어를 공부했고 커뮤니티 관리자가 되는 방법을 배웠어요. 지금은 제 사업을 하고 있습니다. 예술가와 단체가 디지털상에 존재할 수 있도록 돕는 일이에요. 고객은 여덟 명이에요. 동생들은 이 모든 과정에서 제 편이 되어줬어요. 비록 지금 저는 유럽에 있지만 동생들의 삶에서 일어나는 일들을 모두 알고 있어요. 동생들에게 학비를 보내주고 있죠. 그리고 부모님이 제게 가르쳐주신 걸 걔네들에게도 가르쳐줘요. 정직해라. 열심히 해라. 절대 포기하지 마라. 그중에서 가장 좋은 건 절대 포기하지 말라는 가르침이에요."

_이탈리아 로마

"내전 직후의 스페인에서 자랐습니다. 열한 살 때 가톨릭 기숙학교로 보내졌어요. 그곳은 저를 먹여주고 보호해줬지요. 하지만 종교만 가르쳐줬어요. 성직자가 되도록 훈련시켰죠. 신을, 바깥세상을 두려워하라고 배웠어요. 모든 것을 두려워하라고만 했습니다. 스물여덟 살의 어느 날, 바깥세상으로 나온 적이 있어요. 이발소에 가서 프랑스 여자에게 머리를 잘랐어요. 그전에는 여자와 실제로 대화를 해본 적이 없었어요. 그녀가 저보고 귀엽다고 했죠. 같은 날 저는 신문도 샀어요. 제 돈으로 뭔가를 사본 건 처음이었어요. 학교로 돌아왔을 때 전 달라져 있었습니다. 자유를 발견한 거예요. 거짓을 깨닫기 시작했고, 그래서 더 이상 그들에게 전 쓸모 있는 존재가 아니었어요. 몇 달 뒤 교회에서 한 여자와 만나 사랑에 빠졌어요. 우리는 결혼했고 세 아이를 낳았죠. 전 두려움만 빼고 모든 것을 다 그곳에 두고 왔어요. 가끔 여전히 이유 없이 너무나 두렵다고 느껴요. 그건 언제나 제 일부일 겁니다."

_우루과이 몬테비데오

"지난 주말에 친구가 5년 만에 처음으로 교회에 가자고 설득했어요. 예배를 마치고 목사님이 모두에게 제단에 줄을 서서 일대일 기도를 드리라고 했어요. 저는 다섯 번째로 서 있었죠. 다들 짧은 기도를 했어요. 몇 초만 하고 끝났죠. 그런데 목사님이 절 이상한 얼굴로 보시더군요. 제가 갇히는 환영을 봤다고 하셨죠. 그러더니 모든 교회 사람들을 둥글게 둘러서게 하고는 제 얼굴에 이렇게 손을 얹고 15분 동안 제 머리를 흔들기 시작했어요. 목사님은 제 운명을 지우려 한다고 말씀하셨죠. 친구는 웃으면서 그걸 전부 촬영했어요. 하지만 그게 절 불안하게 한다는 걸 인정하려고요. 더 자세한 걸 알 수 있을지 이번 주에도 교회에 가보려 해요."

_미국 뉴욕

"우리 교회에서 당신은 기독교인이거나 아니면 악마에게 홀린 사람이에요. 일주일에 네 번 예배를 올리죠. 운 좋게도 멍 때리는 게 기도하는 거랑 엄청 비슷해 보이죠. 제가 하나도 안 믿는다는 얘기는 아니에요. 그냥 아무도 대답해주지 않을 질문을 많이 갖고 있을 뿐이죠. 어려운 질문을 할 때마다 그들은 저보고 아무 질문도 해서는 안 된다는 성경 구절을 보여줍니다. 내가 보기엔 말이 안 돼요. 전 허무주의자가 되어가는 것 같아요. 솔직히 왜 사람이 태어나야 하는지 아무런 이유를 모르겠어요. 여러분은 존재하고, 자신의 존재를 말이 되게 하는 뭔가를 얻고자 분투해요. 그러다 더 이상 존재하지 않게 되죠. 이런 단계를 좀 잘라낼 순 없나? 너무 일이 많아요. 전 여기에 사인한 적이 없다고요. 그러다 결국 죽으면 모든 것이 멈추는 대신 다시 의식을 갖게 된다고요? 천국은 제게 그리 좋게 들리지 않아요. 아마 거기에 엄청 많은 노래와 트럼펫이 있겠죠. 피곤할 것 같아요. 잠자는 게 차라리 낫겠어요."

_나이지리아 라고스

"혼자 앉아서 세상에 대해 생각하는 걸 좋아해요. 철학을 전공하고 싶었지만 우리 대학엔 철학 수업이 없어요. 종교철학 수업만 개설되어 있죠. 아무도 우리 스스로 뭔가를 결정하라고 독려하지 않아요. 우리가 지닌 어떤 철학이든 신의 존재 위에 세워져야만 하죠. 그래서 저는 전공을 물리학으로 바꿨습니다. 물리학은 여전히 세상에 대해 생각할 수 있게 해주거든요. 누군가 제게 뭔가가 사실이라고 말하고 싶어 한다면, 공식으로 그걸 증명해야 하니까요."

_이란 테헤란

"어느 날 밤, 아내에게 우리 삶이 얼마나 완벽한지 이야기했어요. 25년 전이었지요. 우리는 자식 넷을 뒀어요. 집을 새로 살 만큼 저축을 한 참이었죠. 우리는 참 운이 좋았죠. 아내가 이렇게 말했던 기억이 나요. '만약 신이 우리에게서 뭔가 빼앗아 가면 어떡해?' 다음 날 일을 마치고 돌아왔는데 아내가 비명을 지르고 있었어요. 큰아들을 안은 채였죠. 아이가 손을 세탁기에 넣었다가 감전된 거였어요. 우리는 아이의 정신이 들게 할 수 없었죠. 병원에 급히 달려갔지만 의사들도 해줄 수 있는 게 없다고 하더군요. 그래도 전 노력해달라고 간청했어요. 친구들이 교회에서 왔고 우리 모두 기도를 시작했지요. 결국 의사들은 아이를 살려낼 수 있었습니다. 아들은 연구 대상이 됐죠. 이제 스물아홉 살이에요. 학습장애가 있어서 읽거나 쓰지는 못해요. 하지만 경비원으로 일하면서 인생을 즐기죠. 오늘날까지 전 기적을 믿습니다."

_칠레 발파라이소

"제가 성공한 건 하나님을 일찍 알게 된 덕분이에요. 제가 자란 곳에선 엉뚱한 길로 빠지기가 쉬웠지요. 그런 길을 가는 건 위험했어요. 감사하게도 저는 죄의 정의를 알 수 있을 만큼 성경을 공부했습니다. 제게 옳고 그름을 가르쳐주었지요. 스스로 그걸 알아내려 했다면 아마 잘못된 방향을 너무 많이 택했을 거예요. 어쩌면 어린 나이에 임신을 했겠죠. 확실히 지금처럼 건축가가 되진 못했을 겁니다. 어떤 사람은 하나님 없이도 해낼 수 있겠지요. 하지만 우리 동네 사람들은 도덕과 윤리에 관해 읽지 않았어요. 우리는 이른바 '성공하는 사람들의 7가지 습관'에 대해 배우지 않았어요. 하지만 하나님의 말씀을 갖고 있었죠. 전 거기에 기댔고요. 그게 절 헤쳐 나가도록 했습니다."

_나이지리아 라고스

"우리는 반드시 학교에서 종교를 가르쳐야 합니다. 정말, 정말 어릴 때부터 시작해야 돼요. 돌, 우유, 나무 같은 기본적인 사물을 가리킬 줄 알게 되자마자 해야 돼요. 그때가 시작하기 제일 좋을 때예요. 너무 많이는 말고요. 그냥 일곱 살이 될 때까지 하루 한 시간씩이요. 한 시간이면 기본적인 기도와 아랍 글자를 가르치기에 충분해요. 강제성이 있어야 합니다. 믿으라고 강요할 필요는 없어요. 하지만 공부는 강제로 하게 해야 합니다. 그게 인생에서 가장 중요한 거예요. 우리는 모두 동물적인 생각과 정욕을 갖고 있어요. 오직 신과 함께 규칙을 갖기 시작합니다. 심지어 기독교인도 규칙이 있지요. 저는 기독교인 친척이 있어요. 그들도 신에게 기도를 드립니다. 그리고 힌두교도들, 음, 전 힌두교를 잘 이해하지 못하지만 그들도 뭔가를 갖고 있어요. 더 높은 힘을 가져야 해요. 인간이 신 없이 살면 그건 정말 위험합니다. 기준도 없고 원칙도 없고 계율도 없어요. 거의 동물과 같은 거죠."

_인도네시아 자카르타

"어릴 때는 예수가 히피나 버니 샌더스나 뭣처럼 들리고, 그래서 전부 다 썩 괜찮게 들리거든. 그런데 그즈음 규칙이라는 게 혼동되기 시작하지. 이를테면 가톨릭 학교에 간다고 해봐. 로이 형제라고 드레스 입은 어떤 남자가 당신을 막 때릴 거야. 이유는 당신이 싸움을 했다는 거지. 봐, 일종의 관타나모* 같은 거야. 결국 그 모든 규칙들이 단지 사람을 억압하기 위한 거란 걸 알게 되지. 특히 여자들을 억누르려는 건데, 왜냐면 여자들은 널 엿 먹이지 않을 어떤 궁극적인 힘이 있거든. 난 유대인을 정말 좋아하는데 그 이유는 걔들이 믿는 버전은 똥이 덜 차 있어서 그래. 그 많은 탈무드 인간들은 아주 똑똑해서 사실상 그냥 동화를 좋아하는 무신론자들이거든. 불교도 꽤 멋져. 다 내 머릿속에 있다고 하더라고. 교황은 안 돼. 의무적인 모임도 안 되고. 어쨌거나 뭐 좀 알아내면 나한테 알려줘요. 난 쥐뿔도 몰라. 그냥 옷만 잘 입는 거지."

_미국 뉴욕

* 관타나모: 미 해군의 테러범 수용소가 있는 쿠바의 한 지역.

"우리 아버지는 라스타파리교* 남자예요. 산에서 태어나셨죠. 진짜 라스타파리교 남자예요. 마리화나 밭이 있었는데 사람들이 우리 풀을 사갈 때만 밥을 먹었죠. 고기는 절대 안 먹고 과일과 채소만 먹었어요. 우리가 바다에서 물고기를 잡을 때마다 아버지는 다시 풀어주라고 했어요. 전 형제가 열 명이라서 교육을 많이 받진 못했어요. 하지만 아버지는 우리에게 사람을 사랑하라고 가르치셨어요. 또한 신을 사랑하라고, 행복하라고 가르치셨죠. 가끔 학교를 마치면 해적 동굴이라고 부르던 곳에 다 같이 수영을 하러 가곤 했어요. 드레드 라이언이라는 남자가 소유한 땅이었는데 개가 많았어요. 절대 사유지를 걸어서 건너면 안 되니까 우리는 거기까지 쭉 헤엄쳐 갔죠. 만약 드레드 라이언이 우릴 볼 것 같으면 재빨리 절벽에서 뛰어내려야 했어요. 다이빙을 그렇게 배웠어요. 지금은 관광객들에게 다이빙을 보여주고 팁을 받아요. 조그만 팬에 동전을 모으는데 바다가 거칠 때면 그것들을 만지작거리죠. 언젠가 작은 집을 사고 싶어요. 그리고 아마 배도 가질 거고요. 날 돌봐줄 착한 여자도 만나길 바라요. 하지만 원하는 걸 다 얻지 못해도 불평하진 않을 거예요. 나도 똑같이 신을 사랑할 거예요. 사람들을 똑같이 대하고요. 똑같이 행복해질 거예요."

_자메이카 네그릴

* 라스타파리교: 성경을 흑인의 편에서 해석하는 신흥 종교. 마리화나 흡연을 신성시한다.

"저는 지식에 대한 유대인들의 지적인 숭배 속에서 자랐어요. 하지만 대학에서 만난 교수들은 모두 자기들이 지닌 권력에 열광하는 속 좁고 형편없는 개 같은 놈들이었어요. 그게 아니라고 하면서도 제가 앵무새처럼 자기들을 흉내 내길 바랐죠. 그래서 전 허무주의자가 되겠다고, 가능한 한 약을 많이 하겠다고 결심했어요. 만약 뇌 속 화학물질 분비를 보상으로 얻기 위해 온 인생을 보내는 게 목표라면, 곧장 화학물질로 가도 되는 거잖아요? 근데 뜻대로 풀리지 않았어요. 철학에서 금세 멀어졌고, 훨씬 엄청난 약물중독이 됐죠."

_미국 뉴욕

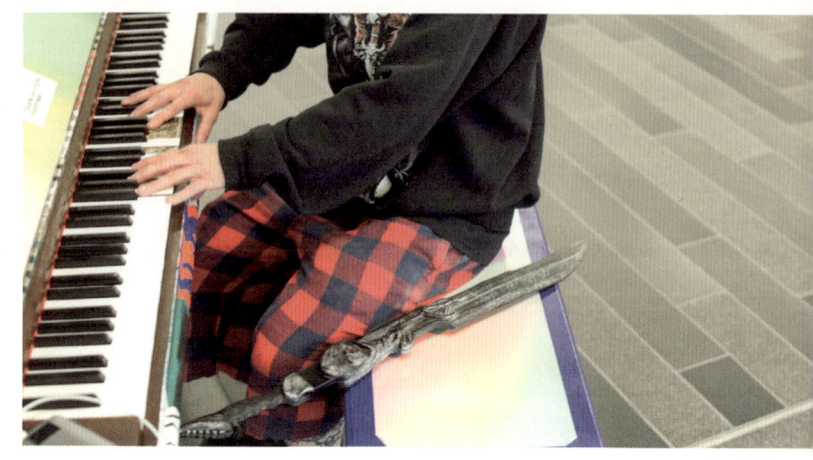

"제 인생으로 공포 영화를 찍을 수 있을걸요? 엄마는 제가 다섯 살 때 암으로 돌아가셨고, 아빠는 날 고문했어요. 그러니까, 고문 말이에요. 진짜 고문을 했어요. 의자에 날 묶고 가죽으로 철썩 때렸다니까요. 영화 〈샤이닝〉에 나오는 잭 니콜슨처럼, 그것도 매일매일 말이에요. 아빠는 아무 말도 안 했어요. 그냥 내 방 문을 발로 차고 절 쫓아오곤 했죠. 전 지옥에서 태어났어요. 지금도 불안해요. 12년을 혼자서 악마 같은 존재와 지냈어요. 정말 불안해요. 마음을 가라앉히기 위해 피아노를 쳐요. 항상 나도 모르게 이상한 생각이 들어요. 뚱뚱한 새끼들, 망할 놈들, 전부 엿이나 먹어라. 그건 사실 아버지의 생각이에요. 제 안에는 폭력성이 들어 있어요. 그 에너지는 시커멓고 시커멓고 시커멓죠. 어릴 때는 작은 새를 죽이곤 했어요. 그러다 고양이로 옮겨갔죠. 열일곱 살 무렵엔 죄다 패고 다녔어요. 나보다 덩치가 크건 키가 크건 상관 안 했죠. 그걸 내면에 갖고 있는 게 더 고문이었어요. 만약 제 안에 폭력을 계속 갖고 있다면 아마 스스로를 해치게 될 거예요. 자살하겠죠. 몇 년 전에는 한 남자를 불태웠어요. 새벽 3시였죠. 다리 밑에 기절해 있던 남자였어요. 그냥 뭐 약쟁이였겠죠. 아무것도 못 느꼈어요. 웃음이 나올 것만 같았죠. 뭔가 느꼈다면 자유로움이었어요."

_캐나다 몬트리올

"누나는 제가 열두 살 때 살해당했어요. 질투 때문에 누나 남편이 죽인 거였어요. 그 이후 저와 엄마 단 둘이 남았습니다. 전 공부를 때려치웠어요. 집안의 말썽꾸러기가 됐죠. 집을 나와서 제 갈 길을 갔어요. 동네에 한 패거리가 있었죠. 그들이 살 곳을 줬어요. 마리화나와 코카인도 줬고 일거리도 줬죠. 동네 가게들을 돌면서 보호비를 거둬들이는 게 제 일이었어요. 우리 다섯 명이 돌았죠. 열네 살이 되자 제가 '칼을 시험할' 준비가 되었다고 하더군요. 마리아라는 가게 주인이 있었는데요. 그 아줌마 남편이 골칫덩이였죠. 만날 우리한테 소리를 지르고 개새끼라고 불렀거든요. 그 아저씨를 찌르고 또 찔렀죠. 사방이 피였어요. 토할 거 같더라고요. 나중에 전 속이 텅 빈 것 같았어요. 그래서 그냥 약을 더 했어요. 제가 보기에 말이죠, 우리 누나가 그렇게 죽었는데 다른 사람들이라고 왜 죽지 말아야 하나요? 그게 세상의 이치인걸요."

_콜롬비아 보고타

"마약 거래는 아주 맛깔났어요. 권총 있지, 여자들 있지. 펑키했죠. 다들 날 중요하게 바라봤어요. 빈민가를 방어하고 질서 유지를 도왔죠. 강간은 물론 살인도 못 하고, 허락 없이는 여자를 팰 수 없었어요. 다들 규칙을 알았고 아무도 그걸 어길 수 없었죠. 안 그러면 제거돼서 악어 먹이로 던져질 테니까. 난 심장이 없어요. 냉혈한이죠. 아드레날린이 막 올라가죠. 근데 그게 다예요. 나중에 돌아오는 게 아무것도 없더라고요. 사람들이 날 무서워하면서도 존경했어요. 근데 그러다 당했어요. 윗대가리 중한 놈이 내 여자친구를 원했거든요. 그래서 내가 도둑질을 했다고 거짓으로 날 찔렀어요. 심지어 내가 크랙 코카인을 피웠다고 말하게도 했어요. 그들이 방망이로 날 때려서 손가락과 이빨이 부러졌죠. 내 여자를 빼앗고 옷, 심지어 내 개까지 데려갔어요. 이제 난 거리에서 삽니다. 아무것도 남은 게 없어요. 전에는 모든 걸 공짜로 얻곤 했지만 이제는 먹을 걸 달라고 하면 쫓겨나겠죠."

"여기 얼굴에 있는 눈물 두 방울은 우리 엄마를 위한 거예요. 엄마는 약물 때문에 심장병을 앓았어요. 엄마 장례식에 간 기억은 있는데 얼굴이 떠오르지 않아요. 꿈에 엄마가 나올 때는 목소리만 들려요. 대화를 하진 않고요. 그냥 엄마 목소리가 이렇게 말해요. '이리 오렴, 제프. 이리 와, 제프.' 엄마가 죽고 나선 살아남는 것만이 중요했어요. 아무도 제게 사랑을 보여주지 않았어요. 아마 부모님이 계셨더라면 달랐겠지요. 아마 살 곳이 있었을 테고 뭔가를 성취했을 거예요. 그래서 나는 아무런 죄책감이 들지 않아요. 내가 왜 그래야 해? 하나님은 나를 아끼는 사람을 다 죽였어요. 하나님은 거기에 죄책감을 느끼실까요?"

_브라질 리우데자네이루

"솔직히 전 그녀가 술 마실 때를 더 좋아했습니다. 그녀는 알코올 중독이었지만 사회생활이 가능한 '고기능 알코올 중독'이었죠. 즉 흥적인 사람이었어요. 우리는 차를 타고 바다로 가서 고래를 보는 것 같은, 계획하지 않은 미친 짓들을 벌이곤 했어요. 하지만 일단 술을 끊자 그 모든 게 사라지고 그녀는 의례적인 일들을 매우 중시하게 됐지요. 금주모임 AA의 만트라를 듣지 않고는 한 시간도 그녀와 얘기를 나눌 수 없었어요. 그리고 독실한 가톨릭이 되더군요. 종교 축일을 기념하고 이야기하러 가기 시작했어요. 저도 참여해보려 했어요. 심지어 스페인으로 성지 순례를 따라가기도 했고요. 그 투어에 함께 간 사람들은 다들 아주 영감을 받은 듯했어요. 작은 교회에 멈춰 서서 모두들 깊이 생각하고 기도를 올렸죠. 그녀는 이렇게 말하곤 했어요. '정말 생생하게 느껴져.' 하지만 전 그런 느낌이 안 들더군요. 경멸감이 든 건 아니에요. 저도 느끼고 싶었죠. 그런데 그냥 못 느낀 거에요. 그때 전 우리의 연결이 끊어졌단 걸 알았어요. 왜냐면 여행이란 경험을 함께 나누는 거잖아요. 그런데 우린 더 이상 같은 경험을 나누고 있지 않았어요."

_미국 뉴욕

"그 남자가 저를 정말 사랑했다면, 저를 혼자 내버려뒀을 거예요. 전화를 걸어 아마 이렇게 말하겠죠. '내가 아직 널 사랑하고 있는지 확인하고 싶어.' '내 인생에서 가장 중요한 사람은 너야.' '사귀자는 건 아니야. 하지만 널 잃고 싶진 않아.' 그러고 나서 그 남자는 저를 하루만 보고 싶어 할 거예요. 아니면 주말 동안만. 그건 항상 저한테 희망을 줘요. 왜냐면 여전히 그를 사랑하니까요. 그간 일어났던 모든 일들에도 불구하고 저는 그를 여전히 내 사람으로 바라봐요. 바로 그 점 때문에 나 스스로를 미워하게 돼요. 왜냐면 그도 그걸 알거든요. 내가 그에게 반응하는 걸 멈출 만큼 충분히 강하지 않다는 걸 그도 알아요. 그를 잘라낼 수 없단 걸, 내게서 원하는 모든 걸 가져갈 수 있다는 걸 알죠. 그 사람이 모르는 건 없어요."

_이탈리아 로마

"직급이 서로 같더라도 남자는 항상
자기가 상황의 주도권을 쥐려고 해요."

_아르헨티나 부에노스아이레스

"여동생에게 연을 고르라고 했어요."

_인도 우다이푸르

"딸일 줄 알았어요. 딸을 안고 있는 꿈을 꿨거든요."

_아르헨티나 바릴로체

"왜 신께서 제게 딸들만 주셨는지는 그분만이 아시겠죠."

_미국 뉴욕

"미군 B-52기가 적진을 폭격할 때 우리는 사전 경고를 받곤 했습니다. 전쟁 중 가장 무서운 순간이었죠. 귀와 코를 솜으로 틀어막고 눈을 꼭 감은 후에 땅바닥에 몸을 웅크렸어요. 폭탄은 한 군데에만 떨어지지 않았죠. 마치 모래처럼 퍼졌어요. 만약 준비되지 않은 채 귀도 안 막고 눈도 뜬 채 서 있었다면, 그 압력만으로 심장이 터지고 뇌혈관이 파괴됐을 거예요. 폭탄을 투하하면 지상에서 어떤 일이 벌어지는지 조종사들도 몰랐을 거라고 생각합니다."

"저는 보병이었어요. 라디오에서 조약이 체결되고 전쟁이 끝났다는 소식을 들었을 때는 라오스에 주둔 중이었습니다. 모두 축하하고 소리 지르고 서로를 들어 올리고 그랬죠. 아무도 우리가 전쟁에서 졌다는 건 신경 쓰지 않았어요. 싸우는 데 너무 지쳤었거든요. 그 소식을 듣고 나서 우리는 북베트남 군인들에게 팔을 흔들면서 축하해줬어요. 바로 전날에는 그들에게 총을 쏴댔었는데 말이죠. 시절이 우리를 서로 싸우게 했죠. 하지만 우린 모두 여전히 베트남 사람들이었어요."

_베트남 호치민/사이공

"이 친구는 천사 같은 사람이에요. 더 젊었을 때 우리 가게 앞을 매일 지나가곤 했어요. 그때 얘는 말을 못했고 이름조차 말할 줄 몰랐죠. 하지만 늘 가게 앞을 지나갈 때마다 정말 따뜻한 기운이 감돌았습니다. 그러다 아버지가 이 친구를 가게 안에 들이기 시작했고, 곧 매일 놀러 왔어요. 우리와 시간을 보내면서 빠르게 나아지기 시작했죠. 우리는 이 친구한테 가게 일을 좀 도와달라고 했어요. 뭔가 희망할 것이 필요하다고 생각됐거든요. 그러자 얘는 우리에게 자신의 느낌을 털어놓기 시작했어요. 그리고 가게에 오는 모두와 한가롭게 이야기를 나누며 시간을 보냈고요. 또 영어와 일본어도 약간 배웠습니다. 이 친구는 우리 삶을 많이 변화시켰어요. 아버지는 얘를 아들처럼 사랑했고 얘도 아버지를 사랑했어요. 항상 같이 웃거나 춤을 추곤 했죠. 아버지가 돌아가시고 이 친구는 다섯 달 동안 아주 슬퍼했어요. 아직도 식사를 할 때마다 아버지를 위해 기도해요. 최근에 얘는 결혼하고 싶은 같은 반 여자 얘기만 해요. 그 여자 분도 다운증후군을 갖고 있어요. 얘는 매일 자기가 할 결혼식에 대해 이야기하고, 만나는 모든 사람을 초대하죠. 지금까지 5천 명도 넘게 초대했을걸요. 사람들 각자에게 결혼식에 뭘 가져와야 하는지도 얘기하죠. 이 친구 아버지는 아마 결혼을 허락하지 않을 거예요. 하지만 우리는 웨딩 파티를 열고 마을의 모든 사람을 초대하려고 해요."

_예루살렘

"네 살 때 아버지가 저를 소년의 집에 넘겼어요. 제겐 낚시에 데려가준다고 했죠. 낚싯대랑 미끼, 전부 다 있었어요. 신났어요. 아버지는 새로운 장소를 알게 됐다고 하면서 이런 큰 건물에다 차를 세웠어요. 아버지는 안에 들어가 친구에게 허락을 받을 테니 그동안 저보고 차 안에서 기다리라고 했어요. 그러곤 남자 두 명과 함께 돌아와선 말하더군요. '미안하지만, 넌 여기 있어야 돼.' 전 절규했죠. '저 잘할게요. 잘할게요. 잘할게요.' 아빠는 계속 그랬어요. '네 탓이 아니야. 아니라고. 아니야.' 제가 계속 붙잡아서 아버지가 입은 셔츠가 찢어졌지만, 아버지는 셔츠를 벗은 채 차를 몰고 떠나버렸어요. 거기서 13년을 살았습니다. 모두에게 진짜 폭력적인 환경이었죠. 거기 직원들이 제일 좋아하는 처벌 방법은 '싹 불태우기'라는 건데요. 먼저 우리 옷을 벗기고 카펫 위에 눕혀요. 그들 중 한 명이 우리 등에 올라타고, 다른 한 명이 복도에서 우릴 쭉 끌고 가는 거죠. 최악은 '아이스 맨'이었어요. 오늘 저를 만났다면 그놈은 죽었을 겁니다. 영화에 나오는 것 같은 그런 남자였는데 웃을 때조차 얼음장처럼 차가웠어요. 그는 방에 들어와 아이스 맨과 데이트하자고 말하곤 했죠. 그런 다음 우릴 덮치고 자기 걸 빨게 했어요. 그러고 나서 다음 번 데이트는 언제가 될지 얘기했고, 우린 일주일 내내 걱정에 시달려야만 했죠. 열일곱 살 때 우리 열 명이 탈출을 시도했어요. 곧 아이스 맨과의 데이트가 다가오고 있었고, 그래서 전 잃을 게 없다고 생각했죠."

"우린 한밤중에 탈출했어요. 우릴 따라오고 싶어 하는 진짜 어린 꼬맹이들 빼고는 전부 열일곱 살이었죠. 정말 아무 계획도 없었어요. 우리가 소년의 집 밖으로 나가본 건, 거기서 '바넘 & 베일리 서커스'에 데려다줬을 때 딱 한 번뿐이었죠. 그것 말고는 바깥세상에서 어떻게 살아가야 하는지 아무것도 몰랐어요. 첫날 밤, 두 명이 식료품점에 들어가서 먹을 걸 많이 훔치려 했거든요. 가게 주인이 경찰을 불렀어요. 경찰이 왔을 때 우리는 전부 다른 방향으로 달렸죠. 근데 경찰이 저만 쫓아오더라고요. 산 위로 달리기 시작했는데 경찰이 저한테 외쳤어요. '오늘 밤에 눈이 내릴 거야!' 저는 나이키만 신고 있었고 그날 밤 눈보라가 몰아쳤죠. 그전엔 눈보라 속에 있어본 적이 없었어요. 그래서 산을 내려오려고 했는데 그때쯤엔 이미 날이 어두워지고 눈도 많이 내려서, 그만 9미터 아래 계곡으로 떨어졌어요. 한참 동안 의식을 잃었습니다. 깨어났을 때 저는 발이 꽁꽁 얼어붙은 채 눈에 덮여 있었죠."

_미국 뉴욕

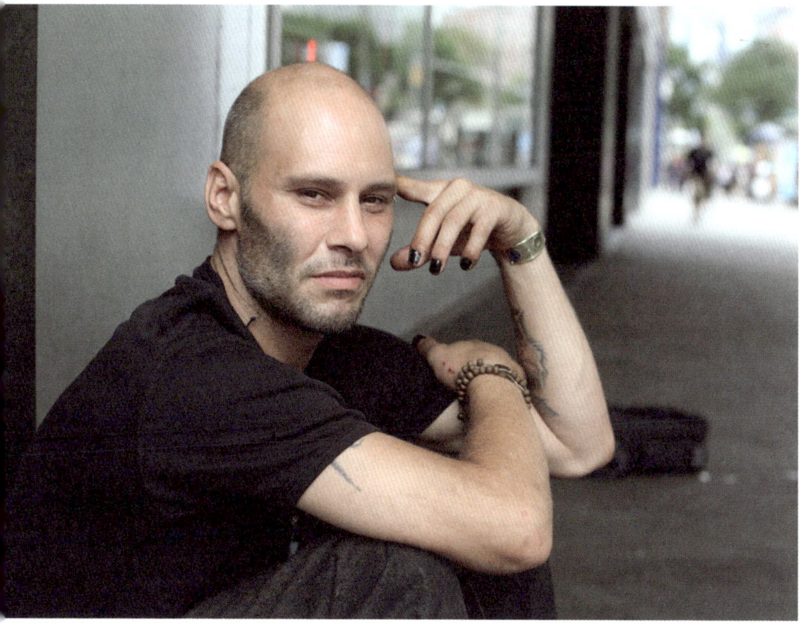

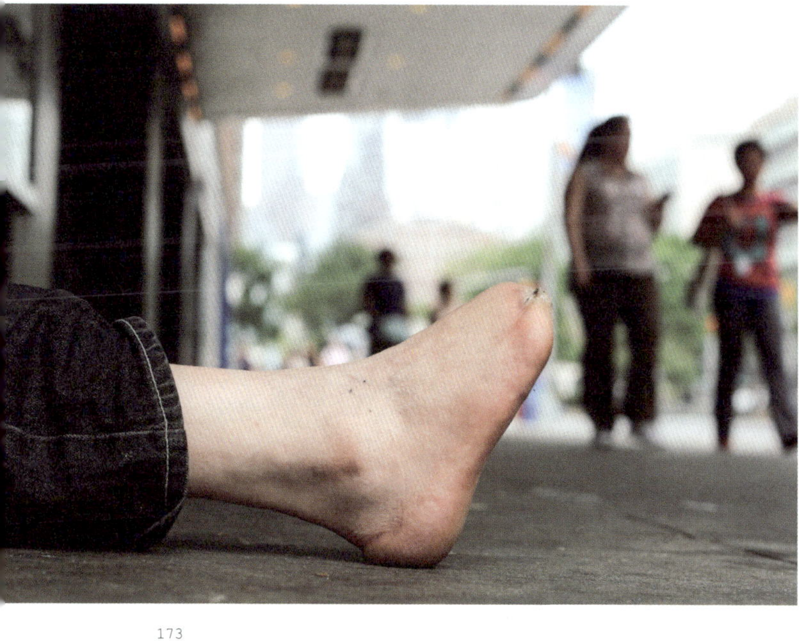

"불평할 게 뭐가 있겠어요. 전 원래 수단에서 왔거든요. 좋은 곳이에요. 행복한 추억이 참 많죠. 집안에서 막내여서 가족들 사랑을 듬뿍 받았어요. 그후 다섯 군데 다른 나라에 살아봤는데 저마다 즐겁게 지냈죠. 파트너는 없지만 좋은 친구가 엄청 많아요. 내 아이는 없지만 사랑스런 삼촌이죠. 먹는 약도 하나도 없고요. 잠도 잘 자요. 잘 걸어 다닐 수 있고. 뭐라 해야 할지 모르겠네. 생각해볼 때마다 내가 행복하다는 결론이 나거든요. 웃으면서 깨요. 독일에서 몇 년 살았는데, 거기는 과속을 하면 고속도로 카메라들이 사진을 찍어요. 속도 내는 걸 좋아해서 그런 사진을 엄청 많이 찍혔어요. 사진 속 차에는 그냥 언제나 저 혼자만 있어요. 저는 그 사진들 속에서 언제나 웃고 있죠."

_남아프리카공화국 요하네스버그

어쩌다가 팔이 그렇게 된 거야?
"계단을 내려가면서 별을 봤거든요."

_요르단 암만

"부모님은 저한테 책임질 자유를 안 주세요. 엄마는 괜찮은데 아빠가 이집트식이에요. 제가 항상 안전하고 편안한 집에 있길 바라죠. 얼마 전에 스리랑카로 현장 학습을 가고 싶었거든요. 아빠한테 애원했어요. '제발요. 현지 가정에서 홈스테이 할게요. 하루에 열 번 전화 드릴게요.' 하지만 아빠는 듣지도 않았어요. 방에 틀어박혀 울었어요. 해보고 싶은 경험이었거든요. 아름다운 사람들을 만나고, 아름다운 음식도 먹고, 아름다운 사진도 찍고 싶었어요. 전 아빠를 잘 알아요. 아빠는 그냥 사람을 안 믿어요. 절 순진하다고 생각하시고요. 모두들 뭔가 보상을 바라고 도움을 주는 거라고 생각하시죠. 하지만 전 그런 이유로 사람들을 돕는 게 아니에요. 전 사람들을 사랑해요. 언어를 사랑하고요. 심지어 힌디어도 좀 할 줄 알거든요. 모든 마을과 모든 도시를 보고 싶어요. 전 언젠가 나사에서 일하고 싶어요. 물리학과 천문학을 사랑하거든요 하지만 아빠는 천문학이 나쁜 생각이라고 여기세요. 이해하지 못하시죠. 아빠는 별을 이해하지 못하는 게 아니에요. 그냥 저를 이해하지 못하는 거죠."

_이집트 알렉산드리아

"아버지는 파시스트였소. 무솔리니의 군대에서 테러리스트가 되는 훈련을 받았지. 아버지는 모든 사람을 싫어했어. 아일랜드 사람은 '아일랜드 놈들', 흑인은 '깜둥이들', 그리고 유대인들은 '유대인 놈들'이었지. 아버지의 주 무기는 '고통'이었어. 날 강간하고 옷장에 가두고 빗자루 손잡이로 때렸지. 날 여러 번 병원에 보냈다고. 길 한복판에서 머리를 날려버릴 거라고 협박한 적도 있어. 나는 아버지의 감정적인 에너지를 많이 흡수했소. 가끔 여전히 내 안에서 아버지의 목소리가 나와. 진짜 화가 나고 나 자신을 욕할 때 내가 딱 아버지처럼 말하더군. 그건 내 안에 있는 아버지가 나한테 말하는 거지. 하지만 난 아버지처럼 되진 않았어. 할아버지가 나를 구해주셨거든. 할아버지는 항상 '네 아버지는 미친놈이다'라고 하셨어. 날 안아주고 키스해주었지. 할아버지의 사랑과 아버지의 증오라는 양극단을 오갔소. 할아버지는 사랑하는 방법을 아셨어. 아버지는 너무나 공포로 가득 차서 사랑을 할 수 없었어. 아버지에겐 사랑할 도구가 없었어. 한 번은 열다섯 살 때였는데 내가 아버지에게 걸어가 꼭 안아드린 적이 있어. 아버지는 계속 뻣뻣하게 팔을 몸통에 딱 붙인 채였지. '아빠, 사랑해요'라고 하자, 아버지 몸이 덜덜 떨리기 시작했어. 그분 내면에는 겁에 질린 아이가 있었던 거야. 아버지도 사랑하고 사랑받고 싶었을 테지. 그냥 어떻게 할지를 모르셨던 거라오."

_미국 뉴욕

"왜 어머니가 아버지 곁에 머물렀는지 모르겠어요. 우리는 뭐가 그분을 화나게 하는지 전혀 모르는 채 끊임없이 무서움 속에 살았어요. 전 자라서 최대한 빨리 집을 떠나겠다고 결심했어요. 아버지에게 애정을 얻으려 계속 애썼던 여동생은 최악을 맞았죠. 걔는 맞아도 참았거든요. 그만하라고 아버지에게 빌곤 했죠. 하지만 전 그냥 아버지를 무시했어요. 내 세상과 아버지를 분리하고 모든 상호작용을 피했죠. 주차하는 소리가 들리는 순간 방으로 달려가곤 했어요. 아버지는 회사를 위해 살았고, 그래서 아버지의 기분은 항상 직장 일에 달려 있었어요. 하루는 사무실에서 뭔가 위신이 깎이는 일이 있었나 봐요. 집에 엄청 늦게 돌아온 아버지는 우리가 다 잠들어 있을 때 다락방에서 목을 매려고 했어요. 전 어머니의 비명 지르는 소리에 잠에서 깼어요. 어머니가 우리한테 이웃들을 데려오라고 소리치면서 아버지 다리를 붙잡고 끌어내리려 애쓰고 있었어요. 여동생과 나가서 도움을 청했죠. 그 거리를 달리는 동안 우리가 제시간에 도착하지 않길 바랐던 기억이 납니다."

_일본 도쿄

"매일 밤 잠들기 전에 아빠를 불러요. 그러면 아빠는 저 혼자 할 수 있는데도 침대에 눕혀줘요. 그러곤 옆에 누워서 날 안아주면서 네가 자랑스럽다고, 넌 챔피언이라고 얘기해줘요. 항상 그래야 잠이 들어요. 아빠도 그래야 잠들 수 있대요."

_이탈리아 로마

"아마 당신도 사람들이 모두 근심에 쌓인 걸 거리에서 느낄 수 있을 거예요. 우리는 아주 작은 마을에서 왔어요. 여기 경제를 돌아가게 하는 엔진은 사탕 공장인데 사람들이 해고되고 있거든요. 제 직업을 좋아하진 않아요. 사탕을 포장하는데 하루 종일 실내에 있어야 하죠. 젊었을 땐 관둘 생각을 하곤 했죠. 항상 가방을 싸놨어요. 근데 제 손가락을 움켜쥐는 조그만 손을 느끼게 되면 모든 게 바뀌더라고요. 이제는 직장 잃는 게 무서워요. 아침마다 우리가 하는 일과가 있는데요. 제가 일하러 가기 싫을 때마다 얘가 '이리 오세요' 하면서 절 안아주거든요. 그럼 전 바뀌죠. 얘가 제 배터리 충전기예요."

_아르헨티나 코르도바

"지난달에 안사람이 세상을 떠났어요. 목욕하고 나와서 떨기 시작하더니 기절을 하더라고. 병원에 데려갔는데 입원을 시키기도 전에 심장마비가 왔어요. 난 계속 바쁘게 지내려고 애썼어요. 일할 때는 괜찮거든. 근데 집에 들어서는 순간, 안사람 생각이 나기 시작해요. 지금도 침대 옆에 안사람 사진을 놔뒀어요. 고맙게도 열 살 된 손주가 나랑 같이 자요. 걔는 내가 보는 TV쇼를 같이 봐요. 끊임없이 재잘거리지. 학교하고 자기 반하고 선생님들 얘기를 계속 하거든. 말도 안 되는 소릴 많이 하는데 난 그게 즐겁더라고. 손주가 잠들 때서야 나도 잠이 들지요."

_인도 자이푸르

무작위성

여러분이 평소에 신문에서 보는 이야기를 떠올려보라. 혹은 매일 저녁 뉴스에서 보는 헤드라인을 생각해보라. 그중 다수가 메이저 할리우드 영화 같은 주제임을 알게 될 것이다. 갈등. 드라마. 폭력. 섹스. 때때로 뉴스 매체들은 정보를 전달하는 것보다 우리를 즐겁게 하는 데 더 신경 쓰는 것처럼 보인다. 그리고 이는 누구의 잘못도 아니다. 미디어로 돈을 벌고자 한다면 반드시 재미가 있어야 한다. 지루하다면 아무도 살아남을 수 없다. 경쟁은 지나치게 심하다. 심지어《뉴욕 타임스》조차 재미를 강요받는다. 가장 좋은 평판을 지닌 매체는 청중에게 진실을 알린다. 그들은 진실된 이야기를 한다. 하지만 그들 자신도 이익 창출은 언제나 진실이 아니라 이야기에서 이루어진다는 것을 알고 있다. 이야기는 우리를 계속 끌어들인다. 이야기가 신문을 판다. 이야기가 클릭을 유도한다. 그렇다, 진실이 중요하다. 하지만 결론적으로 저널리즘은 진실 비즈니스가 아니다. 그것은 이야기 비즈니스다.

　　나는 이 사실을 '휴먼스 오브 뉴욕' 작업 초기에 분명히 인식했다. 가끔 대규모 시위에 가서 시위하는 사람들의 초상을 수집하곤 할 때였다. 그곳에는 평화롭게 모인 1만 명의 사람이 있었던 것 같다. 법안의 일부, 또는 선거, 또는 전쟁에 반대하는 시위였다. 미디어도 거기 있곤 했다. 가끔씩 나는 주요 신문사나 방송국 카메라와 함께했다. 그런데 이 카메라들은 모든 군중 전체에 고르게 퍼져 있지 않고 가장 자극적인 이미지 주변에 모이곤 했다. 가장 화가 난 사람, 가장 이상한 차림새, 홀로 불타는 쓰레기통 등등. 진실을 향한 경쟁은 거의 없었다. 모두들 가장 눈을 뗄 수 없는 앵글을 놓고 경쟁하느라 너무 바빴다. 만일 마스크를 쓴 채 가게 창문을 깨트리는 폭력적인 사람이 하나 있다면 곧 그는 카메라에 둘러싸일 것이다. 그리고 그 이미지가 세계에 공유될 것이다. 그건 분명 거짓이 아니지만, 확실히 진실도 아니다.

이런 식으로 보도되는 것은 시위만이 아니다. 동네 전체가 다 그렇다. 도시들도, 나라들도 그렇다. 어떤 장소들은 살인이나 폭발, 전쟁과 같은 뭔가 극단적인 일이 일어날 때만 보도된다. 그래야만 카메라들이 한달음에 달려온다. 갈등이 멋진 이야기를 만들어내니까. 불행히도 이는 세계의 많은 부분을 갈등이라는 렌즈를 통해서만 볼 수 있음을 뜻한다. 이런 이야기들이 우리가 듣는 유일한 이야기일 때, 세상은 꽤나 무서운 곳인 것처럼 보인다.

하지만 세계에서 가장 위험한 곳이라 해도, 거기서 살아가는 인생의 95퍼센트는 폭력과 아무 관련이 없다. 훨씬 덜 흥미진진하다. 사랑에 빠지는 것. 가족을 꾸리는 것. 친구를 사귀는 것. 먹여살리기 위해 애쓰는 것. 중독과 싸우는 것. 암 투병 하는 것. 이런 일들은 전 세계에서 실제 일어나고 있는 이야기들이다. 여러분이 폭력적인 갈등을 찾지 않을 때 듣게 될 이야기들이다. 길거리에서 무작위로 사람들을 불러 세워 그들 삶에 대해 이야기하도록 초대할 때 당신이 듣게 될 이야기들이다.

이런 모든 이유로 '휴먼스 오브 뉴욕'에서 가장 중요한 요소 가운데 하나는 항상 무작위성이었다. 이 장에 등장하는 사람들은 전 세계 도시의 거리에서 무작위로 선택되었다. 난 그들에게 정치에 대해 묻지 않았다. 테러리즘에 대해 묻지 않았다. 그들의 이야기는 더 큰 내러티

브에 맞춰 수집한 게 아니다. 이 사람들은 자신의 삶에서 가장 중요하게 여기는 주제에 대해 이야기하도록 초대받았다. 그들은 대부분 관계나 아이들, 가족을 부양하기 위한 노력에 대해 이야기하곤 했다. 어떤 이야기는 폭력적이지만 그건 그런 이야기가 실재하기 때문이다. 그 이야기들이 폭력적이라는 이유로 선택된 게 아니라는 것이 중요하다. 그들은 무작위로 선택되었다.

　　파키스탄을 방문한 몇 달 동안 그곳 사람들이 거리에서 다가와 이렇게 말하곤 했다. "우리나라를 긍정적인 이미지로 보여줘서 정말 감사합니다." 그런 감상이 나는 몹시 고마웠다. 그렇지만 약간 정정해주곤 했다. 이렇게. "저는 이 나라의 무작위적인 이미지를 보여준 것뿐이에요. 긍정적인 게 아니라요." 부정적인 성향을 나타내기 위해 이야기를 선택하는 세상에서, 무작위성은 긍정으로 오인되기 쉽다. 무작위로 선택된 사람들은 언제나 우리가 기대했던 것보다 친절하다. 더 사랑스럽고 더 관용적이며 더 평화롭다. 그건 우리 모두에게 좋은 소식이다. 왜냐하면 그들은 우리의 이웃, 우리의 도시, 우리의 나라, 우리의 세계를 구성하는 사람들이니까.

"제가 이 아이 나이였을 무렵에 아버지가 뇌졸중으로 쓰러졌어요. 우리 가족은 아버지를 돌보느라 저축했던 돈을 다 썼어요. 모든 것을 다 써버린 뒤 아버지가 돌아가셨어요. 절망적인 상황이었죠. 남은 돈이 한 푼도 없었어요. 여섯 식구가 방 한 칸에 살았죠. 그때 저는 겨우 5학년이었지만 일하러 가야 했어요. 머리에 오렌지를 이고 길거리에 팔러 나갔죠. 그러던 어느 날 인쇄가게 주인을 만났어요. 형 친구였죠. 그분이 매일 오후 저한테 먹을 걸 주고 일도 일도 가르쳐주기 시작했어요. 제게 이렇게 말했죠. '절대 네가 아무것도 가진 게 없다고 생각하지 마.' 그분은 기술만으로도 삶을 변화시킬 수 있다는 걸 제게 보여줬어요. 이제 저는 제 가게를 갖고 있어요. 누구든 관심 있는 사람이라면 일을 가르쳐줄 거예요. 벌써 아이들 열네 명을 가르쳤죠. 이 아이는 학교를 그만뒀어요. 하지만 나태해지도록 둘 순 없죠. 아이를 바쁘게 해야 돼요. 왜냐면 우리 주변에 온통 범죄가 있거든요. 마약상들이 지나가는 걸 매일 봅니다. 전 그들을 가리키며 물어보죠. '넌 저 사람들처럼 되고 싶니, 아님 나처럼 되고 싶니?'"

_나이지리아 라고스

"전 이 아이의 아버지가 아니에요. 친구죠."
어떻게 만난 사이인가요?
"얘 엄마를 제가 사랑하거든요. 그러니까 세트 상품인 거죠."

_미국 뉴욕

"마침내 요령을 다 터득했더니만 그들이 규칙을 다 바꿔버렸어요."

_미국 뉴욕

"그때 훔친 돈을 투자했어야 됐는데."

_스페인 마드리드

"저는 펀드매니저입니다. 사회에 이런 생각들이 있잖아요. 사무직은 나쁘고 제품을 생산하는 건 좋다고 말이죠. 사람들은 강철을 만들거나 자동차를 수리하는 일이 고귀하다고 생각해요. 하지만 한번 당신 할아버지한테 가서 뭐가 더 중요한지 물어보세요. 할아버지의 자동차일까요, 아니면 연금일까요? 사람들은 금융시장을 그냥 게임이라고 말하길 좋아하는데요, 상당히 진부한 얘기죠. 모욕을 주려고 하는 것 같아요. 근데 게임 맞습니다. 스도쿠 퍼즐 푸는 것과 같죠. 그래서 전 그걸 즐깁니다. 자, 친구 중에 척추 정형외과 의사가 있는데요. 전국에서 최고거든요. 저보다 훨씬 부자예요. 그 친구가 매일 환자들 등허리를 새로 절개하는 걸 정말로 즐길까요? 감정이 차오르는 순간이야 가끔 있겠지만, 그 친구도 매일매일 우리들처럼 그냥 밥벌이를 하는 거예요. 그러면 무엇이 일을 계속하게 하느냐고 묻는다면, 음, 아마 답은 저마다 다를 거예요. 그 친구가 즐기는 건 퍼즐이죠. 오해하지 마세요. 저는 하나님 콤플렉스가 있는 외과의사도 몇 명 만나봤어요. '나는 생명을 구한다', 테레사 수녀, 뭐 그런 분들 있잖아요. 하지만 대부분은 저처럼 그냥 게임을 하는 거예요. 그들 앞에 금융시장 대신 사람 몸이 있다는 것만 다를 뿐이죠."

_영국 런던

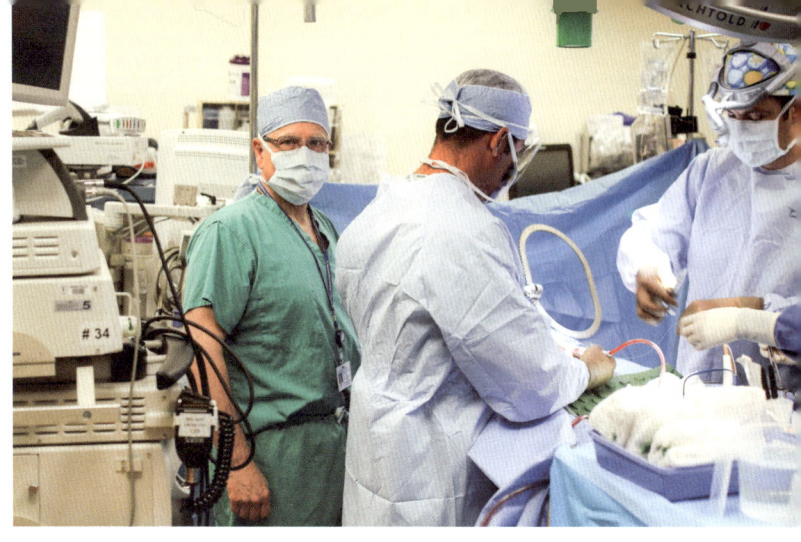

"가능성이 있다면 한 번 시도해볼 가치가 있죠. 다들 시도를 꺼린다 해도 저는 해볼 겁니다. 이 아이들 대부분은 선택지를 다 소진한 상태예요. 이미 다른 데서 여러 번 수술을 받았을 수도 있고요. '호스피스로 가느냐, 한 번 더 시도하느냐'인 거죠. 만약 제가 종양을 제거할 수 있다면 아이에게 기회가 주어진다는 걸 알죠. 저는 결과에 대해 100퍼센트 책임을 집니다. 한 방울의 피도 허투루 흘리고 싶지 않아요. 그래서 스트레스도 많이 받죠. 저는 심장 시술을 네 번 받았어요. 목 근육이 항상 뻣뻣하죠. 아이들 수술은 아마 제 수명을 몇 년은 깎아먹었을 겁니다. 하지만 종양은 애들을 아주 끔찍한 방식으로 죽여요. 그러니 가능성이 있다면 전 시도해볼 거예요. 수술대에서 딱 다섯 아이를 잃었어요. 그럴 때마다 나 자신을 죽이고 싶더군요. 부모들은 저를 믿고 아이를 맡겼죠. 그건 신성한 신뢰이고 궁극적인 책임은 항상 제게 있어요. 며칠 동안 잠도 못 잡니다. 제가 내린 모든 결정에 대해 다시 생각해보죠. 아이를 잃을 때면 그 부모들에게 말합니다. '차라리 제가 죽는 게 나았을 겁니다.' 진심이에요. 저는 매일 교회에 갑니다. 그 아이들이 더 좋은 곳에 있는 걸 제가 보게 될 거라고 생각하죠. 그때가 되면 아이들에게 미안하다고 말할 겁니다. 바라건대 아이들이 '잊어버리세요. 자, 이리 들어오세요'라고 말해주길."

_미국 뉴욕

_우크라이나 빌라체르크바

"군대가 집집마다 다니며 기부를 하라고 요구했어요. 저는 겨우 일곱 살이었고 외동자식이었죠. 엄마는 저를 보내기 싫어서 아버지와 다퉜어요. 하지만 아버지는 완고했어요. 며칠 뒤 제게 새하얀 새 예복을 입히더니 학교에 갈 거라고 하시더군요. 처음 군부대에 도착했을 땐 너무 무서웠어요. 하지만 함께 자란 아이들이 거기 많이 있어서 곧 편안해졌죠. 아침에는 학교에 가고 저녁에는 총으로 훈련을 했습니다. 몇 주 뒤에는 추가 훈련을 한다며 우리를 에티오피아로 행군하게 했어요. 하지만 우리는 해내지 못했죠. 가는 길에 먹을 것도 물도 다 떨어졌거든요."

아버지에게 화가 나나요?

"아버지와 자주 이야기를 나눠요. 전 용서했어요. 따지고 보면, 아버지가 그렇게 떠나보내지 않았다면 교육을 전혀 받지 못했을 거예요. 하지만 친구들이 죽어나갈 때는 아버지에게 정말 화가 났죠. 에티오피아로 행군할 때, 포기한 애들이 그늘 아래 주저앉곤 했어요. 우리가 앉지 말라고 하면 걔네들은 '우리 빼고 계속 가. 나중에 따라잡을게'라고 했어요. 하지만 결코 따라잡지 못했죠."

_남수단 주바, 통핑국내실향민구역

"열 살 때 아버지가 가족을 떠났어요, 우리는 결코 좋은 관계라고 할 수 없었죠. 제게 도움과 사랑이 필요하다고, 누군가 절 돌봐줘야 한다고 아버지가 깨닫기를 바랐어요. 저를 이해해주길 바랐죠. 아버지는 제게 '미안하다'고 말했어야 해요. 하지만 절대 그러지 않으셨어요. 같이 이야기를 할 때마다 아버지는 자기 입장을 전하는 데만 신경 쓰셨죠. 아버지는 작년에 주무시던 중에 돌아가셨어요. 제 생일 직후였어요. 전 이제 '미안하다'고 말할 수조차 없는 누군가를 용서할 수밖에 없죠. 마치 체스 게임을 하는 기분이에요. 맞은편에 아무도 앉아 있지 않은 체스 말이에요. 제가 계속 움직여야 하고, 그러지 않으면 아무것도 변하지 않죠. 아버지가 어떤 수를 둘지는 추측만 할 수 있어요."

_러시아 상트페테르부르크

"얜 자기 말을 희생시키는 걸 너무 겁내요. 때론 셋을
얻으려면 둘을 잃어야 한다는 걸 아직 모르죠."

_우간다 캄팔라

"누나가 아홉 살 때 시작됐어요. 처음 기억나는 건 음식에 대한 말다툼이에요. 부모님은 누나에게 먹으라고 했고 누나는 배고프지 않다고 했죠. 음식을 두고 뭔가 저울질하는 것 같았어요. 어떨 땐 아버지가 화도 냈지만 그래도 누나는 먹지 않았어요. 한 번은 아버지가 화를 참지 못하고 누나를 때린 적도 있죠. 그러다 누나가 열 살부터 열세 살까지 바르셀로나에 있는 병원에 가 있게 됐어요. 가끔 집에 왔다 갔지만 대부분 편지로만 연락을 했죠. 아무도 제게 무슨 일이 일어나고 있는지 설명해주지 않았어요. 그저 누나가 많이 아프다고만 했죠. 그렇게 몇 년 동안이나 저는 '거식증'이란 단어조차 듣지 못했어요. 병원에서 집으로 돌아왔을 때는 상황이 더 나빠졌어요. 병이 더욱더 깊어졌죠. 누나는 이제 스물다섯이에요. 좋아지는 것처럼 보이는 시기도 있지만 항상 다시 나빠져요. 부모님도 타격을 받았어요. 두 분 다 70대로 보이세요. 엄마는 항우울제를 드시고요. 치료사들은 부모님에게 누나의 병이 지금 너무 오랫동안 계속되었고 아마도 평생 지속될 거라고 했대요. 누나에게 병에 대해 물어보려 할 때마다 우린 늘 싸우게 돼요. 누나는 좌절하고 자신이 공격당하고 있다고 느끼거든요. 그래서 저는 노력을 그만뒀어요. 겨우 두 달 전에야 비로소 누나가 본인한테 문제가 있다는 걸 인정했어요. 가족 저녁식사를 마치고 집으로 걸어가는데, 누나가 모든 건 아홉 살 때 시작됐다고 털어놓았죠. 쇼핑몰에서 친구들과 만나고 있었는데 남자애들 무리가 누나를 놀리기 시작했대요. 그때 누나는 주근깨가 많았고 밝은 빨강 머리었어요. 그리고 어쩌면 약간 통통했을 거예요. 아주아주 약간 말이에요."

_스페인 마드리드

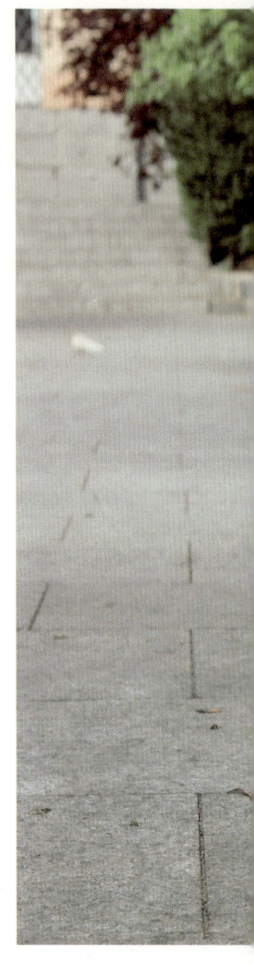

"제가 10대였을 때 아빠에게 50유로짜리 지폐를 한 장 받았어요. 아빠가 거기에 제 미래 아이들에게 보내는 메시지를 적어놓으셨는데, '우리 꼬맹이에게, 할아버지가', 뭐 이런 거였죠. 하지만 그 선물보다 저의 중독이 더 강력했어요. 그 돈을 먹는 데 써버렸거든요. 전 조그만 쓰레기통을 옷장 속에 숨겨뒀어요. 하루에 대여섯 번 토하는 데 쓰곤 했죠. 그건 항상 통제에 관한 거였어요. 인생에서 많은 것을 통제할 수는 없었지만 구토는 통제할 수 있었죠. 토를 하면 사람들이 날 걱정하게 만들 수 있고 몸무게 숫자도 낮출 수 있었어요. 결국 부모님은 음식을 집에 보관하지 않게 됐어요. 냉장고에 자물쇠를 달았죠. 전 온종일 음식을 중심으로 살았어요. 제가 먹은 걸 모두 추적했고요. 하루 중 어느 순간에는 너무 과하게 느껴져서 게워내곤 했죠. 역겨웠어요. 멀리 떨어진 곳에서도 그 냄새를 맡을 수 있을 것 같았어요. 그래서 혼자 지냈어요. 그런데 혼자 있고 가진 게 아무것도 없고 작은 즐거움을 원할 때, 사람들은 뭘 할까요? 먹죠. 저는 그런 다음에 토해요. 멈추기 너무 힘들었어요. 만약 손을 잘라내는 것처럼 쉬웠다면 그렇게 했을 거예요. 하지만 담배나 술과는 달라요. 인생에서 먹는 것을 그냥 쫓아낼 수는 없잖아요. 맞서야 하죠. 정상으로 돌아가야죠. 지금도 그건 제 안에 있어요. 특히 최악의 상태일 때 내가 여전히 취약하다는 걸 알죠. 하지만 제 삶은 더 이상 그렇지 않아요. 하루하루씩 회복이 시작됐어요. 침대에 누워 내가 토하지 않았단 걸 알아차린 밤들. 그렇게 몇 주일이 지났을 거예요. 비록 많이 후퇴한 적도 있었지만, 그때쯤엔 평범함을 맛봤고 그걸 더 많이 원하게 됐어요. 변기 속에 얼굴을 넣고 있으면 삶이 너무나 그립거든요. 그래서 다시 시작했습니다. 이제 전 중독보다 더 강력한 것들을 갖고 있어요. 최근에 아빠에게 50유로짜리 지폐와 내가 그걸 어떻게 썼는지, 어떤 죄책감을 느끼는지 말씀드렸어요. 그러자 아빠는 걱정하지 말라며 이 새 지폐를 주셨죠. 똑같은 지폐는 아니지만 이번엔 간직할 거예요."

_독일 베를린

"저는 열일곱 살이에요. 누구나 각자의 방식으로 아름답다는 걸 나 자신에게 확신시키려고 최선을 다해요. 하지만 그게 그리 쉽지는 않더라고요. 친구들이 가진 모든 예쁜 것들, 걔들의 몸매, 입술, 머리 모양이나 메이크업, 심지어 걔들의 성격까지 봐요. 어떤 애는 정말 성격도 예쁘거든요. 몇 시간이고 쉬지 않고 웃고 떠드는 그런 사람이 되고 싶어요. 하지만 정작 저는 그냥 교실 뒤편에 숨어서 관심을 끌지 않으려고 하죠. 헐렁한 옷을 입어요. 눈에 띄지 않는 건 뭐든지요. 하지만 바뀌려 애쓰고 있어요. 나의 안전지대에서 벗어나보려고요. 온라인으로 플러스 사이즈 모델을 검색해요. 사이즈는 좀 더 크지만 여전히 당당하고 아름답죠. 검정색도 덜 입어요. 색깔 있는 옷은 몸의 굴곡을 강조하기 때문에 거의 안 입었거든요. 하지만 요즘은 색깔 있는 옷도 입어요. 최근엔 원피스도 입었어요. 물론 학교 갈 땐 아니었고, 할머니 할아버지와 저녁 먹으러 갈 때였어요. 하얀 꽃무늬가 있는 파란색 원피스였죠. 제 꿈은 해변에 가는 거예요. 어린 시절에는 물이 제게 정말 중요한 부분이었어요. 할머니 할아버지가 해변에 작은 집을 갖고 계셔서 여름마다 가곤 했거든요. 하지만 5년도 넘게 바닷가에 안 갔어요. 아, 한 번 갔네요. 근데 해변에 앉아서 사람들을 구경하고, 인스타그램에 올릴 그들 사진을 찍었죠. 다음엔 저도 실제로 물에 들어가고 싶어요. 수영복을 입고요. 내가 그렇게 할 수 있다면, 인생에서 그런 한때를 가질 수 있다면, 그리고 나 자신을, 내 내면과 외면을 모두 보여줘도 된다고 느낄 수 있다면, 마침내 내가 바라던 곳에 도달했다는 걸 알게 되겠죠."

_네덜란드 암스테르담

"난 여자애인 게 항상 싫었어요. 가슴이 커지는 것도, 생리하는 것도, 드레스 입는 것도 싫었죠. 내가 자란 곳에선 여자애가 되는 게 끔찍했거든요. 우리에겐 아무것도 허락되지 않았어요. 남자애들은 하고 싶은 대로 할 수 있지만 여자애들은 보호받아야 했어요. 통제되고 감시당하죠. 심지어 대학에서도 저녁 6시 통금이 있었어요. 캠퍼스 밖으로 나가고 싶으면 아버지에게 팩스로 허락을 받아야 했어요. 런던에 있는 대학원에 가서야 마침내 자유를 맛보게 되었죠. 서른 살쯤이었는데 그동안 여성이 된다는 것에 대해 제가 이해해온 모든 게 산산조각 났어요. 갑자기 제가 하고 싶은 건 뭐든지 할 수 있게 되었죠. 옷도 좀 더 편하게 입을 수 있었고요. 거리를 혼자 걸을 수도 있었죠. 탐험할 수 있었어요. 자신의 스타일과 공간, 정체성을 찾을 수 있었습니다. 이 모든 걸 눈에 띄지 않고 할 수 있었죠. 딱히 남자들이 지켜보거나 사회가 판단하는 그런 게 없었으니까요. 마침내 전 보이지 않게 됐죠. 정말 기분이 좋았어요. 그전엔 보이지 않는 특권이란 걸 전혀 이해하지 못했습니다. 전 벤치에 앉아 거리를 지나가는 사람들을 바라볼 수 있었어요. 사진도 찍을 수 있었고요. 태어나 처음으로 관찰자가 될 수 있었죠."

_싱가포르

"바로 알았어요. 해마다 유방암 검사를 받았는데, 그래서 정상이라면 어떤 모양이어야 하는지 알았거든요. 종양이 화면에 보였어요. 엉망이더라고요. 시커멓고요. 하지만 충격 받진 않았어요. 담담했죠. 수술 날짜는 밸런타인데이로 잡혔어요. 그거 아세요? 그날이 내 인생에서 가장 아름다운 밸런타인데이었어요. 저를 돌보는 시간이었으니까요. 저는 어린 시절을 힘들게 보냈어요. 그러고 20년 동안 이어진 아주 힘들었던 사랑 이야기가 있었죠. 그게 끝나고 나서 저는 일에 빠져들었습니다. 마치 쳇바퀴 속 햄스터 같았어요. 더 빨리, 더 빨리, 더 빨리. 여성부에 근무하기 때문에 합리화하기 쉬웠어요. 나 자신보다 더 거대한 뭔가에 관여하고 있다는 느낌이 들었거든요. 하지만 저는 그저 상황에 대한 보고서만 쓰고 있던 거였어요. 솔직히, 국가보다는 내 자신을 훨씬 더 변화시켰죠. 전 마모되어갔습니다. 자유 시간이 없었고요. 애들도 다 컸겠다, 내가 더 살아야 할 이유가 있을까 싶었어요. 그러다 넉 달 전에 암이 찾아온 겁니다. 형편없는 상자에 담긴 축복이었죠. 뭔가 제가 통제할 수 없는 거였어요. 그리고 그걸 강제로 받아들여야 했지요. 지금 전 아무것도 하지 않습니다. 친구들을 방문하고 있어요. 느긋한 시간을 보내고 있죠. 감사한 마음이에요. 그리고 저 자신에게 중요한 질문을 하고 있습니다. '나는 어디에서 살고 싶은가?' '나는 어떻게 하고 싶은가?' 그전에는 물어볼 시간조차 없었던 질문들이죠. 가장 중요한 건, 지금 나 자신을 돌보고 있다는 겁니다. 자, 이제 실례할게요. 마사지 예약 시간에 늦었거든요."

_프랑스 파리

"인생을 완전히 재부팅하고 있어요.
이제 앤드루 5.0 시기죠."

_미국 뉴욕

"엄마는 내가 너무 눈에 띌 것 같아서 유학 보내기가 겁난대요.
'여기서랑 뭐가 다른데요?'라고 따졌어요."

_파키스탄 카라치

"제 판타지와 인생 사이에 큰 간극이 있어요. 예술을 통해 그 틈을 메웁니다. 나체에 페인트를 발라서 캔버스 위에 눕히는 새로운 프로젝트를 시작하고 있어요. 벌거벗은 몸은 제게 아주 자연스럽죠. 그건 진실의 문제예요."

_이란 테헤란

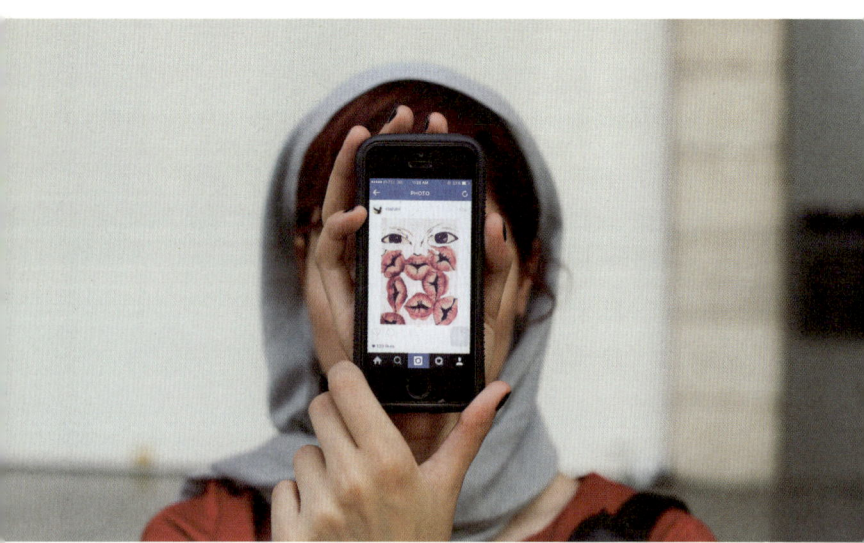

"히토시를 만난 건 내가 스물두 살 때였어요. 간호사로 근무 중이었는데 히토시는 우리 병원 결핵 환자였어요. 아주 잘생겼었죠. 거의 외국인처럼 생겼었고 스페인 플라멩코 댄서 같았어요. 하지만 건강이 엉망이었죠. 우리 모두 그가 다음번에 죽을 거라고 생각했어요. 난 그가 너무 불쌍했어요. 어느 날 병원에서 하이쿠 대회가 열렸는데 간호사들이 우승자를 뽑는 일을 맡았어요. 100편도 넘는 응모작 중에서 나는 그 사람 것을 골랐죠. 은하수의 고요함과 함께 꽃이 피어난다는 내용이었어요. 밤에는 그의 침상에 앉아 하모니카를 불곤 했어요. 그때 남자애들은 다 하모니카를 불 수 있었는데 그는 폐가 너무 약했죠. 그래서 내가 그를 위해 연주했어요. 그가 퇴원하고 나서 우리는 결혼하기로 했어요. 18년 동안 함께 잘 살았죠. 아이가 셋이었어요. 히토시가 완전히 건강해졌더라면 사회에서 훌륭한 사람이 되었을 거예요. 하지만 그는 언제나 약했어요. 쉰두 살에 죽었는데 여름 무더위가 한창일 때였죠. 40년도 더 지난 일이에요. 매달, 그리고 기일마다 나는 산중턱에 있는 그의 무덤에 가서 하모니카로 열 곡을 연주합니다."

_일본 도쿄

"뉴욕에 다시 올 줄은 아예 생각도 못했죠. 여기 안 좋은 기억이 너무 많거든요. 추악한 곳이랄까요. 전남편이 여기 살고요. 9월 11일에 저는 두 번째 타워 아래 거리에 있었어요. 그래서 그냥 기억하지 않고 싶은 것들이 있습니다. 그런데 최근 어머니가 아프셔서 돌봐드리러 집에 왔어요. 당시에 저는 틀에 박힌 생활을 하고 있었죠. 열정은 사라졌고 단지 집세를 내려고 일을 했죠. 어느 날 저녁, 강변을 걷는데 허드슨강 커뮤니티 세일링이라는 곳을 지나쳤어요. 무료로 요트 강습을 해주더라고요. 내가 왜 멈춰 섰는지 모르겠어요. 머릿속으로는 요트라니 내가 할 만한 게 아니라고 확신했는데 말이죠. 나는 점점 늙어가고 있었어요. 몸도 안 좋았고요. 그렇지만 한번 해보기로 했죠, 그러다 푹 빠져버렸어요. 요트 타는 법을 배우는 데 약간 집착하게 됐어요. 처음으로 혼자 나갔던 때가 기억나요. 정말 놀라웠죠. 허드슨강 한가운데 내가 있고 바람이 불고 도시 전체가 바라다보이고, 키 손잡이 위에 제 손이 놓여 있었어요. 마치 내가 뭔가 불가능한 일을 하고 있는 것 같았습니다. 전 백인이 아니에요. 남자가 아니죠. 내 배도 없고 돈도 없죠. 하지만 난 뉴욕에 있고 열나게 요트를 타고 있습니다."

_미국 뉴욕

"1971년이었죠. 스물다섯 살 때였고 갓 제대를 했어요. 그때는 사는 게 힘들었어요. 90퍼센트가 일자리가 없었거든요. 먹여살릴 사람은 너무 많았는데 아무것도 계획대로 안 되더라고. 당시에는 한 가지 꿈밖에 없었어요. 비행기 타고 탈출하는 거였죠. 그때는 다들 그런 꿈을 꿨지. 하지만 불가능한 꿈이었어요. 보통 한국인은 비행기를 못 탔거든요. 비행기 근처에도 갈 기회가 없었어요. 머리 위로 공군기가 지나는 것만 볼 수 있었죠. 근데 어느 날 대통령이 서독으로 노동자를 파견하는 프로그램을 발표했어요. 2,000명이 지원했는데 73명만 뽑혔죠. 저는 자동 엔진 공장에서 일하도록 선발됐어요. 그날은 대통령도 안 부럽더라고. 우리 가족 50명이 공항에 배웅을 나왔거든요. 돈하고 금붙이하고 전부 다 줘버렸어요. 내가 그 기계에서 죽을지 살지 누가 알겠어요. 창가 자리를 주더라고요. 심장이 멈추는 것 같았죠. 내 아래로 점점 작아지고 작아지는 우리나라가 한눈에 보였습니다. 자동차, 들판에서 일하는 사람들, 그리고 바다. 마침내 내 꿈이 이루어진 거죠."

_대한민국 서울

"이건 직장을 잃기 전의 사진입니다. 겨우 작년 사진인데도 이 사람이 누군지 이제 거의 못 알아보겠어요. 13킬로 더 나갔었죠. 훨씬 자신감 있었고요. 마치 수호천사가 발걸음을 인도해주는 느낌이었죠. 항상 일이 잘 풀리는 것 같았습니다. 이 사진을 볼 때면 전 가면을 쓴 한 남자가 보여요. 사진 속 남자는 중요한 일을 하는 사람처럼 보이고 싶어 합니다. 자신 있고 냉혹하게, 리더처럼 말이에요. 법률가로 보이고 싶어 했지요. 이제 전 그냥 사람처럼 보이고 싶어요. 침착한 사람. 안정된 사람. 친구와 가족을 사랑하고 친절한 사람."

_러시아 모스크바

"내가 와이프를 밈으로 만들었어요."

_미국 뉴욕

* 화면: 내 눈 똑바로 보고 물어봐 / 내가 신경이나 쓰는지

"열 살 때 큰 병에 걸렸는데, 정신을 잃었다가 깨어나니 눈이 멀어 있었소. 소리를 질렀지. '엄마, 나 아무것도 안 보여!' 우린 같이 울기 시작했어. 내겐 너무나 힘든 삶이었다오. 누구라도 눈먼 남자에게는 딸을 보내지 않을 거요. 내가 얼마나 외로운지에 연연했다면 아마 옛날에 죽었을 테지. 내 유일한 친구는 라디오야."

_파키스탄 카라치

"10년 동안 헤로인을 했어요. 짐작하시다시피 아주 좋은 삶은 아니었죠. 아들을 뺏겼어요. 피아트 공장에서 일하다 직장을 잃었죠. 돈을 구하고 딜러를 찾고 경찰을 따돌리느라 시간을 다 썼어요. 제 자신이 싫었죠. 아무도 마주할 수 없었고요. 그러다 하루는 친구 개가 강아지를 낳았어요. 전에는 개를 키워본 적이 없었지만 항상 동물은 좋아했죠. 그래서 친구한테 제일 작고 못생긴 놈으로 한 마리 달라고 얘기했어요. 아무도 원치 않는 놈으로요. 그렇게 조를 얻었어요. 조는 제 인생의 천사였죠. 우리는 서로 이해했습니다. 말이 필요 없었죠. 조는 항상 제 주변을 따라다녔어요. 길거리에선 내 옆에서 잠들었고요. 아침에 눈을 뜨는 순간 그 녀석이 얼굴을 핥아주곤 했어요. 저한테 자존감을 줬죠. 전 완전히 실패한 사람이었지만 적어도 조를 돌볼 순 있었어요. 조를 공원은 물론 수의사에게도 데려갈 수 있었죠. 그 녀석 약을 지어줄 돈은 충분히 마련할 수 있었거든요. 그 녀석이 바로 제가 결국 헤로인을 끊을 수 있었던 이유였어요. 제게 무슨 일이라도 생기면 조는 어떡하겠어요. 그래서 싹 끊었어요. 힘들었지만 전 깨끗해졌어요. 조는 13년을 더 살았어요. 2012년에 암에 걸리고서 몇 달을 더 버텼죠. 전 간신히 살아남았어요. 마약을 끊을 수는 있었지만 절대 다른 개를 데려오지 않겠다고 스스로에게 약속했습니다. 그냥 너무 고통스러웠거든요. 그런데 2년 전 이동주택 밑에서 라이카를 발견했어요. 피골이 상접해 있었죠. 버려졌던 거예요. 전 선택의 여지가 없었습니다. 처음 몇 달 동안은 얘를 조라고 불렀어요. 하지만 그만둬야 했죠. 왜냐면 조는 떠났으니까요. 어쨌든 이름은 정말 중요한 게 아니죠. 그냥 제가 얠 사랑한다는 게 중요해요."

_이탈리아 로마

"루시는 차에 치여서 뒷다리를 잃었어요. 이미 두 번이나 보호소로 돌아간 적이 있었죠. 엄청 일거리예요. 거의 아이 키우는 거나 다름없어요. 인내심이 아주 많이 필요하죠. 항상 기저귀를 갈아줘야 해요. 시터 구하기가 정말 어렵고요. 하지만 전 얠 1년 반 동안 데리고 있었는데 이제 얘 없는 삶은 상상할 수도 없어요. 모두들 루시를 사랑하죠. 그리고 루시도 모두를 사랑하고요. 얘가 꼬리를 흔들 수 없어서 행복한지 어떤지 알 수 없을까봐 걱정을 했어요. 하지만 루시는 눈으로 내게 말해주죠."

_아르헨티나 로사리오

"저는 심지어 동물을 좋아하지도 않거든요. 근데 우리 딸이 동물을 키우고 싶다는 겁니다. 그래서 아기 고양이를 집에 데려왔어요. 딸에겐 '네가 이 녀석을 책임져야 해. 난 상관 안 한다' 그랬거든요. 근데 이제 이 고양이가 딸보다 저를 더 사랑하네요. 얠 JJ라고 불러요. 제가 집에 올 때면 항상 얘가 처음으로 맞아줘요. 또 일하러 갈라치면 문 옆에서 제 샌들 위에 엎드리고요. 항상 제 옆에 있길 바라죠. 지금 우리는 가게로 마실 나갔다 돌아오는 길입니다. 딸은 좀 질투하죠. 항상 저한테서 얘를 훔쳐가려 하거든요."

_콜롬비아 메데인

"우리 고양이를 여기 안 데려온 게 유감스럽네요. 고양이랑 찍어야 사진이 더 잘 나오거든요. 미안하지만 제가 얘기할 주제는 고양이예요. 남편은 세상을 떠났고 아들도 장가를 보냈죠. 그래서 제 인생을 고양이가 채우고 있어요. 물론 친구도 있어요. 그렇지만 집 안에는 그냥 저와 고양이뿐이에요. 어찌 보면 '그'가 아들과 남편의 사랑을 대신하게 됐죠. 그는 우리 삶을 함께 지켜봤어요. 모든 걸 한데 묶어주죠. 제 인생에서 가장 중요한 사람이에요. 네, 전 그를 사람이라고 해요. 정말 인간적인 에너지를 갖고 있거든요. 자기만의 개성과 취향이 있지요. 심지어 인간 이름도 있답니다. 로지온 로마노비치 라스콜니코프, 《죄와 벌》의 주인공이죠. 로지온이 제 무릎에 앉을 때마다 '당신은 온 세상에서 가장 사랑받는 존재야'라고 말해줘요. 집을 나설 때는 이렇게 말하곤 하죠. '부인은 지금 떠납니다. 허나 꼭 다시 고양이께 돌아올게요.' 그런데 로지온이 이제 열여섯 살이에요. 너무 걱정스럽죠. 오늘 아침에도 수의사를 만난 참이에요. 저는 그가 에너지를 아껴 쓴다는 걸 알아차렸어요. 방을 가로질러 걸어갈 때도 멈췄다가 쉬더라고요. 어느 날 그가 영원히 가만히 있게 될 거란 걸 알아요. 그가 떠나면 바르샤바 외곽에 있는 친구 정원에 묻어줄 겁니다. 그러고 나면 제게 더 이상의 동물은 없을 거예요, 영영. 어떤 일은 우리가 살아가면서 딱 한 번만 일어나요. 그 비슷한 고양이는 절대로 없을 거예요."

_폴란드 바르샤바

"전공을 정할 때 마침 《죄와 벌》을 읽고 있었어요.
그래서 지금 러시아문학 학위가 있죠."

_대한민국 서울

"제가 담배 피우는 걸 아무도 모르거든요. 그래서 호텔에서 몇 블록 떨어진 데까지 걸어왔어요. 마음을 진정시키는 중이에요. 오늘 밤에 정기총회가 열리는데 제가 총책임자예요. 여러 달 동안 준비해왔어요. 오랫동안 육아휴직을 했고 이제 겨우 1년째 정규직으로 근무하고 있죠. 좋은 인상을 남기고 싶어요. 제가 있는 조직에선 여성이 리더십을 발휘한 적이 없거든요. 그래서 제게 이 일은 큰일로 다가옵니다. 남편이나 아이들에 관한 게 아니잖아요. 내가 전적으로 아우를 수 있는, 나만을 위한 일이죠. 성공하고 싶어요. 아이들이 절 엄마로 알아주길 바라지만, 그래도 전 여전히 나 자신이에요."

_미국 뉴욕

"제 어린 아들이 아주 호기심이 많아요. 집에 갈 때마다 질문을 엄청 많이 해요. 제가 어떤 하루를 보냈는지 모두 다 알고 싶어 하지요. 저도 항상 아들에게 뭔가 재밌는 얘기를 해주고 싶으니까 동기 부여가 돼요. 그런데 최근에 실직을 해서 할 얘기가 별로 없네요. 면접을 정말 많이 봤지만 운이 안 따랐죠. 저는 아무것도 숨기려고 하지 않아요. 아들도 제가 노력한다는 걸 알거든요. 그냥 이렇게 얘기하죠. '아빠한테 맞는 일을 찾고 있는데 아직 딱 맞는 걸 찾지 못했어.' 그런데 오늘 드디어 보안 장비를 판매하는 새로운 일자리를 구했어요. 내일부터 시작하기로 했어요. 집에 가서 좋은 소식을 전하게 돼서 정말 기뻐요."

_필리핀 마닐라

"제가 안아드릴라치면 어머니는 포옹하기엔 너무 덥다고 하셨어요. 그래서 전 더 이상의 노력을 그만뒀죠. 우린 진지한 대화를 나눈 적이 없고 그게 정상이라고 생각했어요. 제가 아는 건 그게 전부였거든요. 어머니와 자식 사이의 관계는 명령을 주고받는 거라 생각했죠. 그런데 한번은 제가 열 살 때 친구네 집에 학교 숙제를 하러 간 적이 있었어요. 처음엔 친구한테 좀 미안한 마음이 들었어요. 친구네 가족이 아주 가난했거든요. 집에 거의 아무것도 없더라고요. 그런데 우리가 안으로 들어가자마자 걔네 엄마가 친구를 정말 꼭 안아주지 뭐예요. 친구 엄마는 아들을 보고 정말 행복해 했죠. 그리고 그건 제 인생에서 가장 슬픈 순간이었습니다. 왜냐면 다른 사람들은 가질 수 있었던 뭔가를 전 아예 알지도 못했으니까요."

_브라질 리우데자네이루

"우리는 커밍아웃을 같이 했어요. 서로 배경이 비슷하기 때문에 안전하단 느낌이 들었죠. 둘 다 남자들과 오래 사귀고 있었고, 그래서 우리 자신에 대해 설명할 필요가 없었어요. 모든 게 편안했어요. 처음에는 그녀가 추격자였어요. 브레이크가 없었죠. 커다란 사랑이었어요. 정말 빠르고 깊고 멀리 가는. 그 감정을 처음 말로 표현한 사람은 그녀였어요. 그녀가 거기에 이름을 붙였죠. 베이루트에서 함께 휴가를 보내고 돌아왔는데 그녀가 '이제 우린 진지한 관계야'라고 했어요. 그 순간부터 모든 게 바뀌기 시작했습니다. 이젠 제가 추격자예요. 그녀의 진짜 감정에 대해 항상 불안해요. 저는 사소한 것도 다 거절로 받아들이곤 하거든요. 이를테면 그녀가 제게 잘 자라고 말하지 않고 그냥 잠들 때, 혹은 그녀가 자기 아이들과 함께 있으면서 자연스레 웃는 걸 볼 때, 그런 게 힘들어요. 저하고 있을 때는 그렇게 안 웃거든요. 그리고 만져주는 거요. 전 그게 필요해요. 불안을 가라앉히는 데 도움이 되고 제 마음속에서 절 꺼내주거든요. 정말 작은 것일 수도 있어요. 그냥 목 뒤쪽을, 2초 동안만이면 돼요. 그렇게 해주면 다시 땅에 닿는 느낌이 들어요. 하지만 그것 없이는 완전히 거절당한 느낌이 들죠. 처음 6개월 동안 그녀는 저의 이런 면들에 아무런 문제를 느끼지 못했어요. 그런데 지금은 좀 갑갑하다고 말해요. 그녀에겐 공간이 좀 필요하죠. 그렇다면 제가 문제인 건지 궁금해요. 우리 아빠 생각이 나요. 아빤 언제나 안아줘야 하고 키스해줘야 하고 안심시켜줘야 했죠. 너무 너무 너무 과하게요. 엄마가 숨막혀하셨어요. 그래서 제가 문제인지도 모르겠다는 생각이 들어요. 그리고 솔직히 내 문제라고 생각하면 잠시나마 마음이 놓여요. 왜냐면 그건 우리에게 문제가 있는 건 아니라는 뜻이니까요."

_네덜란드 암스테르담

"그는 항상 아이를 원했어요. 그래서 '주사위를 굴려서 뭐가 나오는지 한번 보자' 생각했어요. 솔직히 정말 임신할 줄은 몰랐어요. 나이 들면 더 힘들다고 하던데, 자, 이렇게 됐네요. 좋은 엄마가 될 자신이 없어요. 늘 아이를 바라던 여자가 임신을 하는 줄 알았거든요. 저는 그런 사람들을 알고 또 지켜보면서 늘 생각해왔어요. '나는 당신들처럼은 안 되네.' 삶의 변화가 분하게 느껴질 것 같아요. 뭘 하든지 모든 게 아이 위주로 중단되잖아요. 친구들을 보면 애가 계속 방해하거나 뭘 만지거나 뛰어다녀서, 간단한 대화를 나누는 것도 애를 써야 하더라고요. 새롭겠지요. 좋은 점만 보려고 노력 중이에요. 아기에게 뭔가 가르치는 건 기대돼요. 또 제가 더 나은 모습으로 바뀌길 바라고요. 하지만 아이와 유대감이 잘 생기지 않으면 어떡하죠? 분한 마음을 억누르려면 아이와 연결될 필요가 있어요. 만약 유대감이 없다면 그걸 어떻게 고칠 수 있을까요? 친구 중에 그걸 잘 못 느끼는 애가 한 명 있어요. 그 친구는 아이의 방해를 전혀 못 참더라고요. 아이들을 딱 잘라내고 쫓아버려요. 친구가 그러더라고요. '무슨 일을 겪게 될지 미리 알았더라면 절대 임신 안 했을 거야.'"

_호주 멜버른

"아내와 저는 플로리다주 키 라르고 지역에 있는 갈비 가게에서 식사를 했어요. 그러고는 종이 한 장을 꺼내서 좋은 점과 나쁜 점 목록을 만들었어요. '나쁜 점' 목록은 꽤 평범했죠. 시간, 돈, 뭐 그런 것들. '좋은 점' 목록의 제일 위에 적었던 게 생각나는데 '온전히 인간적인 경험'이었어요. 딸이 태어나고 나서 그 말은 우리 사이에서만 통하는 농담이었죠. 아이가 목욕 시간에 떼를 쓸 때마다 아내와 저는 서로를 쳐다보며 '온전히 인간적인 경험'이라고 말하곤 했거든요. 처음 석 달이 가장 힘들었어요. 솔직히 우리가 실수를 한 건가 의문이 들 지경이었죠. 마치 폭탄이 떨어져서 우리 삶에 있던 모든 걸 속까지 다 파헤친 것 같았어요. 하지만 그 후 우리 딸이 커가기 시작했고 스스로 하는 법을 점점 배웠습니다. 줄곧 몇 발짝 조금씩 딸에게서 물러났고 점차 우리만의 시간을 돌려받게 됐어요. 그런데 우리 삶으로 되돌아가는 데는 예상치 못했던 슬픔이 있더라고요. 힘들지만 그만큼 즐겁기도 한 직장에서 천천히 해고되는 것 같다고 할까요. 딸은 이제 열 살이에요. 그 아이가 더 이상 심심해하며 제게 달려들지 않고, 자기 혼자 한 시간 동안 책을 읽는다는 걸 알아차리죠. 우린 함께 침대에 텐트를 만들곤 했지만 이젠 숙제와 유튜브 하는 시간이 더 많아요. 가끔 딸아이는 자기 방에 들어가서 오랫동안 문을 닫고 있어요. 딸의 삶은 그 아이의 것이 되어가고 있고, 전 그게 어디로 향할까 하는 것에 온통 마음이 사로잡혀 있습니다. 딸이 점점 나를 덜 필요로 한다는 건 좋으면서도 씁쓸하기도 하네요."

_미국 뉴욕

"우리는 놀이학교에 새로 적응하는 중이에요. 거기 아이 친구가 있어서 첫날은 꽤 잘 됐어요. 하지만 어제는 안 좋았죠. 얘는 제가 떠나지 않길 바랐어요. '엄마 있어야 돼, 엄마 있어' 하고 계속 소리를 질렀죠. 아이는 안심을 못 했어요. 확신을 못 하더라고요. 그렇지만 제가 계속 있을 순 없었죠. 9시부터 근무거든요. 아이를 실망시킨다는 기분이 들었어요. 저는 곧장 차로 가서 친구에게 전화를 했어요. 아이에게 자율성을 주는 것, 그건 정말 절충하기 어려운 거예요. 아이가 자라서 부모 품을 벗어나자마자 바로 시작되죠. 그런 다음엔 끊임없이 계속되고요. 자율성을 더 줘야 할 부분들은 항상 있기 마련이에요. 언제 아이에게 옷을 고르게 하고, 언제 길을 건너게 해야 할까요? 언제 아이의 두려움을 존중하고, 언제 '괜찮을 거야'라고 말해줘야 할까요? 최근에 전 아이가 자전거를 타고 더 멀리 가도록 허락했어요. 오늘 제 규칙은 이거예요. '나는 아이를 볼 수 있어야 한다. 하지만 그 범위 안에선 아이에게 완전한 권한이 있다.'"

_뉴질랜드 오클랜드

"샤워를 매일 하는 게 얼마나 중요한지
얘기하고 있었어요."

_페루 리마

"10대 딸한테 벗어나려고 자전거를 탔어요. 얘가 대학 입학지원서 마감일을 놓쳐놓고는 제때 보냈다고 거짓말을 한 거예요. 딸애를 믿었죠. 아이에게 자율성을 주고 스스로 하게 하자고 결심했거든요. 그런데 어제 지원서가 너무 늦게 도착했다는 우편을 발견했지 뭐예요. 전 저녁밥을 차려주고 맛있게 식사를 하게 했죠. 그리고 디저트로 그 우편을 내놓았어요. 언쟁이 일어났어요. 얘가 나보고 한 학기 쉬고 싶다는 거예요. 내가 이래라저래라 한다고 생각하고 자기 스스로 하고 싶다더군요. 근데요, 저는 이 딸내미를 위해서 투잡까지 뛰고 있어요. 혼자 힘으로만 키웠어요. 제 전부를 줬다고요. 얘는 제 생일 2분 전에, 밤 11시 58분에 태어났어요. 저하고 꼭 닮았죠. 딱 저처럼 행동하고 고집이 세요. 서로 부딪힐 때마다 '이런 세상에, 열여덟 살의 나 자신과 싸우고 있잖아' 싶다니까요. 정말 닮았어요. 그 무렵 제가 벌써 걔 오빠를 임신했던 것만 빼면요. 전 그저 딸이 좀 편하게 살길 바랄 뿐이에요."

_미국 뉴욕

"나한테 이래라저래라 하는 사람들하고는
멀찌감치 떨어져 지내왔지."
_브라질 리우데자네이루

"열다섯 살 때부터 혼자 살아왔어요. 그래서 그는 제가 처음으로 가족 같다고 느낀 사람이었습니다. 그런데 그가 이랬어요. '결혼하고 싶으면 춤은 그만둬야 해.' 그때 저는 하루에 두세 시간씩 춤을 췄거든요. 그게 제 인생에서 가장 큰 즐거움이란 걸 알면서도 그는 탐탁지 않아 했어요. 제 관심을 독차지하고 싶어 했죠. 그래서 그만두게 하더라고요. 결혼했을 때는 상황이 더 악화됐어요. 그 사람이 제 인생의 모든 면을 통제했죠. 제가 뭘 하고 싶어 할 때마다 그는 '안 돼, 안 돼, 안 돼' 그랬죠. 핸드폰도 가질 수 없었어요. 친구도 못 만났고요. 제겐 어떠한 사회적 상호작용도 없었죠. 7년 동안 그렇게 지냈습니다. 시간이 지날수록 그는 술을 더 심하게 마셔댔어요. 난폭해졌죠. 결국 심하게 저를 때렸고 전 가정폭력 쉼터로 도망쳤어요. 당시 쉼터 옆에 작은 공원이 있었는데 매일 아침 그곳을 지나다녔어요. 어느 날 아침 음악을 연주하는 사람들을 지나쳤어요. 전 연주를 들으려고 멈춰 섰다가 이내 춤을 추기 시작했어요. 눈을 감았죠. 전통적인 동작들이 기억났고 나머지는 즉흥적으로 췄어요. 사람들이 박수 치는 소리가 들렸죠. 떨리더라고요. 뭔가 제 안에서 넘쳐흘렀죠. 처음으로 나 자신이길 허락받은 순간이었습니다. 그 순간, 그를 떠나기로 결심했어요."

_일본 도쿄

"심심할 땐 '라디오 파키스탄'에 전화를 걸어서 노래를 신청하고 춤을 추기 시작해. 난 비 오는 날에도 춤을 출 거야. 내가 얼마나 감사하는지 표현하는 방식이라오. 난 파키스탄에서 가장 행복한 사람이야."

_파키스탄 파수

"엄마 친구들은 제가 엄마랑 똑같다고들 하세요. 엄마는 제가 두 살 때 유방암으로 돌아가셨거든요. 아버지는 항상 일하시느라 제 곁에 거의 없었기 때문에 저는 빨리 자라야 했어요. 일곱 살 때 빨래를 스스로 했죠. 사춘기 같은 것도 혼자 해결했고요. 고등학교 때는 주말 내내 집을 떠나 있곤 했어요. 아빠는 어디 갔었냐고 묻지도 않았죠. 그러던 어느 해 추수감사절에 이모가 말해주길 엄마가 저한테 편지와 비디오를 남겼다는 거예요. 그런 건 전혀 못 받았다고 했더니 이모가 엄청 화를 냈어요. 그걸 아빠에게 따졌더니 '그 비슷한 뭔가를 기억한다'고 그러시더군요. 아빠가 저를 안전금고로 태워다줬지만 상자는 텅 비어 있었어요. 아빠는 무슨 일이 일어났는지 기억하지 못했죠. 아빠에겐 꼭 해야 할 일 한 가지가 있었지만, 해내지 못한 거예요. 다른 무엇보다도 제게 의미 있는 일이었을 텐데. 엄마 친구들은 항상 '엄마가 널 정말 자랑스러워할 거다' '엄마는 널 많이 사랑했어'라고 하시죠. 하지만 똑같지 않아요. 엄마에게서 그런 말을 직접 듣는 것과 똑같지 않다고요. 그건 엄마가 특별히 날 위해 만들어준 거예요. '이만큼 널 사랑해'라고 실제로 말해주는 단 하나의 것이라고요."

_미국 뉴욕

"러시아 시에 이런 구절이 있습니다. '우리는 평생 단 한 번 사랑한다. 그리고 남은 인생은 그 비슷한 것을 찾느라 보낸다.' 나는 옥사나 이후에 다른 여자친구들을 여럿 만났어요. 하지만 그들의 생일은 기억하지 못하죠. 옥사나의 생일은 7월 29일이에요. 사자자리죠."

_러시아 상트페테르부르크

"부모님은 지난 독재 시대에 실종됐어요. 정치 활동가였는데 1977년에 아버지가 먼저 사라지고 1년 뒤인 월드컵 기간에 어머니마저 사라졌어요. 우리는 광장에 서 있었는데, 차 두 대가 와서 멈추더니 저와 어머니를 붙잡았어요. 저는 풀려났지만 엄마 소식은 다시 듣지 못했어요. 이런 얘기는 전부 나중에 들은 거예요. 그때 제가 겨우 세 살이었거든요. 조부모님이 절 거둬주셨어요. 어릴 때는 부모님이 일하러 갔다고 말씀하시곤 했죠. 전 부모님이 헬멧을 쓰고 한 층 한 층 높은 빌딩을 쌓아올리는 모습을 상상하곤 했어요. 열 살이 되기 전까지는 실제로 일어난 일에 대해 알지 못했어요. 그때 제게 부모님은 그냥 관념일 뿐이었어요. 2차원적이었죠. 그러다 열일곱 살 때 부모님이 서로를 처음 만났던 마을을 방문했어요. 아버지가 비틀스를 좋아하셨단 걸 알게 됐죠. 춤추는 것도 좋아하셨대요. 어떤 분이 아버지가 춤출 때 입곤 했던 의상을 주셨어요. 그러자 갑자기 부모님이 더 이상 제게 관념이 아니게 되더군요. 그분들은 사람이었어요. 다니엘과 비비아나였죠. 처음으로 전 부모님을 위해 울었습니다."

_아르헨티나 부에노스아이레스

"몇 년 전 엄마가 암으로 돌아가셨어요. 엄마는 모든 면에서 완벽했어요. 어렸을 때 항상 절 격려해주려 애쓰셨죠. 제가 너무 숫기가 없었던지라 엄마는 항상 제가 혼자 있는 걸 걱정했어요. '학교에서 누구랑 놀았어?' '너랑 좋아하는 게 통하는 친구 있어?'라고 묻곤 하셨죠. 뭔가 잘못되었을 때 엄마는 항상 알았어요. 전 아무것도 말씀드릴 필요가 없었죠. 하지만 아빠는 반대였습니다. 절 무시했어요. 아빠가 뭔가 나쁜 일을 한 건 아니에요. 아빠는 알코올 중독도 아니었고 폭력적이지도 않았죠. 아빠는 그냥 아무것도 아니었어요. 의자라든가 가구 같으셨죠. 아버지로서의 할 일은 단지 일하러 가는 게 전부라고 생각하던 분이었어요. 아빠는 제 인생의 어떤 것에도 반응하지 않았습니다. 좋은 것에도 나쁜 것에도. 제가 늦게까지 나가 있어도 아무 반응이 없었죠. 마약과 술을 시험 삼아 했을 때도 반응이 없었어요. 제가 아빠에게 관심을 끌려고 벌인 일들은 엄마를 정말 슬프게 했죠. 몇 년 전 저는 차 사고를 당했어요. 혼수상태에서 깨어났을 때 부모님께 알리기 위해 집에 전화를 걸었어요. 아버지가 받으시더군요. 모두 말씀드렸죠. 그랬더니 '네 엄마 지금 잔다. 내일 전화해라' 그냥 이러셨어요. 차에 치인 것보다 그게 훨씬 더 아팠습니다."

"하루는 아빠가 엄마에게 보낸 오래된 연애편지가 담긴 상자를 발견했어요. 로맨틱한 편지들이었어요. 다정한 말이 적혀 있었죠. 아빠가 그런 말을 하는 걸 본 적이 없어서 놀랐습니다. 그 모든 건 제가 태어나기 전에 사라졌어요. 아빠는 본인 자신에 대해 아무 말도 하지 않았어요. 제가 아빠에 대해 아는 건 전부 엄마에게 들은 겁니다. 엄마는 그 로맨스가 연기였다고 하셨어요. 아빠가 냉정한 사람이라는 걸 뒤늦게 깨달았다고 하더군요. 그러나 엄마는 항상 우리가 아빠 탓을 해선 안 된다고 했어요. 아빠가 아주 힘든 어린 시절을 보냈다고 하면서요. 아빠의 아버지는 아빠가 아주 어릴 때 가족을 버렸대요. 그리고 아빠의 어머니는 다른 남자와 결혼한 후 아빠를 삼촌과 함께 살도록 보냈죠. 아예 새로운 가정을 꾸리면서 아빠를 남겨두고 떠난 거예요. 아빠는 정말 외로운 어린 시절을 보냈대요. 그래서 엄마는 늘 '아버지 탓을 해선 안 된다'고 하셨어요. 그 말씀을 항상 제게 했습니다. 특히 아프시고 나서부터요."

_칠레 산티아고

"우리 연 떨어질 것
같아요."

_베트남 호치민/사이공

"어느 날 아내가 변호사를 선임할 거라고 하더군요. 만회해보려 했지만 너무 늦었죠. 확실히 저는 우리 관계를 이끌기엔 부족했어요. 우리는 너무 많은 일상에 지쳐 있었죠. 적어도 제가 들은 이유는 그거예요. 혼자된 지는 이제 13년 됐습니다. 가장 힘든 부분은 가족이라는 감각을 잃는 거예요. 막내딸은 저와 이제 거의 말을 안 해요. 이혼하고 아마 열다섯 번쯤 봤을 거예요. 5개월 된 손녀딸이 있는데 한 번도 못 만나봤어요. 이해가 안 돼요. 전 그렇게 나쁘진 않았다고요. 애들 엄마랑 대놓고 다툰 적도 없고 바람피운 적도 없어요. 제자리에 있었죠. 전 다정했어요. 어쩌면 약간 엄격했겠지만 딸아이도 거친 10대였죠. 우린 걔를 무서워했어요. 겨우 열다섯 살 된 게 나이트클럽에 갔죠. 당시만 해도 소리를 질러댔어요. '아빠는 멍청이야' '당신은 내 아버지가 아니야' 이런 식으로요. 아마 걔 마음은 여전히 그때처럼 잠겨 있을지도 모르겠네요. 이제 우리는 1년에 한 번 정도 얘기를 해요. 그 일에 대해 물어볼 때마다 걘 공격당한 느낌을 받더라고요. 어색하죠. 더 이상 친밀감이 없어요. 더 나아지질 않죠. 시간은 우리에게 불리해요. 왜냐면 아빠라는 느낌을 잃고 있다는 기분이 들거든요. 사랑하는 느낌, 돌보는 느낌도 없어져가요. 분명 이 말들은 진실이 아닙니다. 진실이었다면 이런 얘길 꺼내지도 않았을 거예요. 하지만 모든 건 결국 서서히 사라지죠. 누군가 죽으면 적어도 애도라도 할 수 있지만, 그가 그저 사라져버리면 훨씬 더 고통스러운 법입니다."

_프랑스 파리

"엄마가 이번 8월에 백세 살이셔. 나는 되도록 일주일에 네 번 엄마와 함께 오후를 보내려고 하지. 엄마가 잊어버리신 게 아주 많아. 하지만 동요나 노래는 아주 잘 아신다고. 그래서 우리는 여기 앉아서 엄마가 기억하는 노래를 부르는 거야."

_미국 뉴욕

"그건 관점의 문제예요. 물질세계에 어떻게 의식이 존재할 수 있는가. 아마 의식은 환상일 겁니다. 하지만 만약 '내'가 의식을 환상이라고 여긴다면, 그런 '나'는 분명 존재해야만 하죠. 이런 질문들이 제게 많은 걱정을 안깁니다. 그 생각을 멈출 수가 없거든요. 다른 사람이 말을 걸 때 집중하지도 못하죠. 방 청소를 잊어요. 숙제도 안 하고요. 연기 수업에서 대사를 통 익힐 수가 없어요. 제 인생에 아주 많은 문제를 만들어냅니다. 부모님은 그러세요. '너도 상을 받을 수 있어.' '그 정도 점수는 쉽게 받을 수 있어. 하지만 넌 그럴 만큼 충분히 신경 쓰지 않지.' 부모님은 저를 심리학자 열 명에게 데려갔어요. 진단이 아예 안 되더라고요. 심리학자들은 그냥 제가 몽상가라고만 했어요. 그리고 이 세계에서 몽상가는 나쁜 겁니다. 몽상가는 어린애를 뜻하죠. 전 어른이 되어 실질적인 일들을 해야 돼요. 안정이 되도록, 언젠가 집을 살 수 있도록 말이에요. 몽상적인 생각들만 하다가 그냥 다리 밑에서 살 수는 없죠. 하지만 동력을 찾기가 너무 힘들어요. 인생을 시작하기 전에 그 인생이 부조리한지 아닌지 알아내고 싶어요. 환상 속에 살 순 없으니까요. 전 명료해지고 싶어요. 제가 하는 일에 이유가 있다는 걸 알고 싶다고요. 이유가 있어야 에너지를 쏟는 거 아닌가요? 죽음이 모든 것의 끝이라면, 그 이후에 아무것도 아닌 공허가 오는 것이라면, 그건 정말 끔찍한 문제입니다. 의미 없는 세상에 존재하는 것보단 존재하지 않는 편이 더 나을 거예요."

_영국 런던

"내 인생은 매일 반복돼요. 이 지역은 물로 둘러싸여 있지만 우리 마을에선 접근할 수 없어요. 그래서 매일 아침 두 시간 산길을 걸어 빙하로 갑니다. 그래야 뭔가 마실 게 있어요. 낮 동안엔 이 도로를 유지하는 일을 합니다. 한 달에 100달러 벌어요. 겨울엔 따뜻하게 지낼 수 있도록 매일 나무를 베러 다니죠. 이 땅은 내가 가진 모든 것이기 때문에 떠날 수 없습니다. 내 인생에는 행복도 슬픔도 없어요. 오직 생존뿐이죠."

_파키스탄 파수

"남편이 기술자인데 장사가 시원찮아요. 충분하지 않지요. 제가 이걸 팔아야 애들을 학교에 보낼 수 있어요. 아이들은 저를 넘어섰으면 해요. 이 나라에서 뭔가 훌륭한 사람이 되길 바라죠. 아이들이 행복한 걸 보면 저도 행복해요. 아이들 학비를 낼 때마다 아이들이 이러죠. '엄마, 엄마는 최고의 엄마예요.' 그래서 전 여기 햇볕 아래 종일 나와 있어요. 집에 가면 밥하고 애들 씻기고 재우고, 그러고서야 저도 자러 가죠. 지난주에는 말라리아 때문에 아파서 일을 못 했어요. 남편이 쉬라고 했는데 애들이 배고파 울기 시작했어요. 남편 혼자 감당하기엔 너무 심한 스트레스였죠. 침대에 누워 있을 때 계속 기도만 했어요. '하나님, 저 장사할 수 있게 좀 도와주세요.' 그런데 밖으로 나갈 때마다 열이 너무 높은 거예요. 몸이 너무 춥게 느껴져서 집으로 돌아가야 했지요. 저 오늘 처음 일하러 나왔어요. 두통도 없이 일어났는데 지금은 상태가 너무 나쁘네요. 온 몸이 아파요. 그냥 내일 필요한 걸 살 만큼만 팔았으면 좋겠어요."

_나이지리아 라고스

"집주인은 이번 달에 가구가 얼마나 많이
팔렸는지 신경 쓰지 않죠."

_우간다 캄팔라

"석유 굴착 플랫폼에서 일하던 노동자들이 다섯 달 전에 모두 다 해고됐어요. 돈이 있을 때 저는 딱히 저축을 안 했어요. 마지막으로 일한 지는 여섯 달 됐습니다. 심지어 지난 토요일엔 애들 우유 살 돈을 장모님한테 빌려야 했죠. 뭔가 해야 돼요. 아마 택시 운전 같은 걸 할 수 있겠죠. 일자리를 바로 얻지 못하면 아마 가족이 무너질 거예요. 아내는 항상 제게 뭘 할 건지 물어보는데, 지금 경제가 어떻게 되어 가는지조차 이해하지 못하는 것 같아요. 심지어 우리 네 살짜리 아들도 뭔가 잘못됐다고 느끼는데 말이죠. 아들은 언제 다시 일하러 가냐고 제게 묻기 시작했어요. 거짓말을 했죠. 병가를 냈다고 했어요. 저도 애가 이런 스트레스를 느끼지 않길 바라요."

_아르헨티나 부에노스아이레스

"작년 12월에 아내가 직장을 잃고 나서 우리는 매달 말일까지 버티기 위해 버둥대고 있어요. 20일쯤 되면 항상 돈이 다 떨어졌다는 걸 깨닫죠. 월급 절반은 집세로 나가요. 그리고 결혼식 때 진 빚이 아직 있죠. 더 이상 외식은 못해요. 식단이 바뀌었죠. 이제 우리는 돈 얘기만 하는 거 같아요. 무슨 청구서를 지불할까, 어떤 건 유지하고 어떤 건 빼버릴까. 아내는 제가 엉뚱한 데 돈을 쓴다고 생각해요. 저는 아내가 이상한 데 돈을 쓴다고 생각하고요. 결국 우린 입씨름을 하죠. 하지만 전 우리가 이 시험을 통과할 거라고 믿어요. 우리 둘 다 출신 배경이 변변찮죠. 아내는 입양됐어요. 저희 엄마는 어린 절 버렸고요. 우리 둘 다 생활을 간신히 꾸려나가는 게 어떤 의미인지 알죠. 사실 그게 우리가 함께하기로 한 이유예요. 저는 행복을 찾아서 작은 마을에서 이 도시로 왔습니다. 그리고 제 행복을 아내에게서 찾았죠. 그러니 우리는 이 상황을 잘 헤쳐 나갈 겁니다."

_아르헨티나 로사리오

"저는 오토바이 사고로 남편을 잃었어요. 딸이 고등학교를 막 졸업할 무렵이었죠. 딸은 대학에 가고 싶어 했지만 아무도 우리를 지원해주지 않더군요. 전 옛날 사람이에요. 별로 똑똑하지 않아요. 중학교만 나왔죠. 그래도 딸이 저보다 낫기를 바랐어요. 친척들에게 도와달라고 부탁했지만 다들 거절하더라고요. 자포자기 심정으로 집주인 아주머니께 말을 꺼내봤어요. 그런데 그분이 우리를 지원해주셨어요. '따님이 기회를 가질 수 있도록 꼭 다시 일어서세요.' 그분이 학비의 절반을 빌려주셨어요. 나머지 절반은 제가 아침부터 저녁까지 일해서 벌었습니다. 세탁 일을 했어요. 설거지도 했고요. 쿠키와 케이크를 팔러 다녔어요. 얼마 전 딸이 졸업해서 조산사가 됐어요. 열심히 일한 보람이 있었지요. 이제 우리는 그분께 빚을 갚아가고 있어요. 몇 달 전 딸이 제 계좌번호를 묻더니 매주 입금을 해오더라고요."

_인도네시아 자카르타

"서른 살쯤에는 백만장자가 되고 싶었어요. 문자 그대로 목표였죠. 아프리카판 빌 게이츠나 워런 버핏이 되고 싶었습니다. 부모님은 항상 열심히 일하면 돈이 따라올 거라고 말씀하셨어요. 그냥 모든 항목을 충족시키면 받는 상 같아 보였죠. 그리고 전 언제나 모든 항목을 충족시켰어요. 올A를 받으면서 하워드대학을 다녔어요. 졸업 후에는 골드만삭스에서 일했고요. 돈을 벌고 관계를 쌓은 후에 가나로 돌아와서 뭔가 사업을 해보자는 계획이었지요. 그런데 첫 번째 사업이 궤도에 오르기까지 너무 오래 걸렸어요. 그때 전 좌절했고 다른 사업에 저축을 몽땅 쏟아 부었어요. 두 사업 모두 한동안 버티긴 했지만 언젠가부터 힘겨워지더라고요. 지금은 자금을 더 모으려 하는데 잘 안 되네요. 제가 바라던 곳에서 멀어졌죠. 자신감이 흔들립니다. 다음 단계에 대한 확신이 들지 않아요. 마흔이 다 되어가고 있고요. 제 관점을 바꿔서 실망감을 해결하려고 노력 중이에요. 아름다운 아내와 아들이 있다는 걸 스스로에게 상기시키려 하죠. 전 여러 사람들을 고용했고, 또 몇 가지 멋진 경험도 했어요. 더 이상 백만장자가 될 필요를 느끼지 않습니다. 제가 매일 일할 수 있도록 사업을 성공적으로 하는 게 새로운 목표예요. 하지만 마음속에서 계속 이런 의문이 들어요. '나는 더 현실적인 비전을 세우고 있는 걸까, 아니면 그냥 그만두겠다는 소리를 하고 있는 걸까?'"

_가나 아크라

"우리 집안 대대로 이런 화환을 만들어왔어요. 사람들은 부처님 무릎 위에 이걸 올려놓죠. 정말 신성한 꽃이에요. 이 꽃은 증조할머니께 집을 사줬어요. 그리고 제가 공학 학위를 딸 수 있도록 학비를 내줬죠."

_태국 방콕

"저는 서른아홉 살이고
원하던 모든 걸 이뤘어요.
이제 뭘 어떻게 해야 할지
전혀 모르겠네요."

_브라질 리우데자네이루

"전 엄마가 되고 싶지 않았어요. 열여덟 살이었거든요. 우리는 사랑하지 않았어요. 제겐 이루고 싶은 목표도 있었고요. 그래서 내 인생에서 가장 힘든 결정을 내렸죠. 여기서는 불법이거든요. 인터넷을 검색해서 제가 직접 했어요. 제 방에서요. 만약 일이 잘못되면 죽을 수도 있었어요. 그게 제게서 나오는 걸 본 건 인생 최악의 순간이었죠. 아무에게도 말할 수 없었어요. 부모님에게조차. 그래서 비밀을 간직하고 다녔어요. 그 일이 언제나 가슴속에 있는 것처럼, 거기 박혀 있는 것처럼 느껴지더라고요. 하루 종일 평상시처럼 지내다가도 밤이 되면 방으로 가서 울곤 했어요."

_아르헨티나 부에노스아이레스

"남자친구는 제가 임신하자마자 떠났어요. 아버지께 말씀드리기 겁이 났죠. 근데 서랍에 감춰놓은 임신 테스트기를 발견해버리신 거예요. 며칠 동안 제게 말씀도 안 하시더라고요. 아버지와 전 항상 가까운 사이였는데, 그래서 뭔가 일이 생겼다는 걸 아셨던 거죠. 그러던 어느 날 아버지가 제게 뭐 말하고 싶은 게 없냐고 물으셨어요. 전 울기 시작했죠. 아버지가 집에서 내쫓을 거라고 생각했거든요. 하지만 아버지는 그냥 다른 방에 있던 엄마와 말씀하러 갔고, 돌아와서는 어떻게 할 계획인지 물어보셨어요. 아이를 지키고 싶다고 했습니다. 그때부터 아버지는 제게 힘이 돼주셨어요. 입덧을 할 때마다 온갖 음식을 만들어주고 격려도 해주셨어요. 제왕절개 수술을 대비해서 아버지는 저축을 하기 시작했어요. 그런데 임신 7개월 때 아버지가 홍수를 헤치고 집에 돌아오신 후에 열병을 앓으셨어요. 병원에 모셔다드리고 저는 옷을 가지러 집에 갔다가 왔는데, 그때 돌아가셨죠. 너무 갑작스러웠어요. 어떻게 해야 할지 모르겠더라고요. 저는 아버지한테 모든 힘을 얻고 있었거든요. 아이를 지키는 게 실수인 것 같았죠. 몇 년 동안 힘들었어요. 학교를 중퇴하고 직장을 구해야 했고요. 다행히 아들은 잘 자라고 있어요. 아주 똑똑해요. 학교에서 스티커와 별을 받아 집으로 오죠. 마마보이예요. 힘겨운 시간이었지만 저는 스스로에게 증명해냈죠. 마주할 수 없을 것만 같다고 해서 인생을 끝내면 안 된다는 걸요."

_필리핀 마닐라

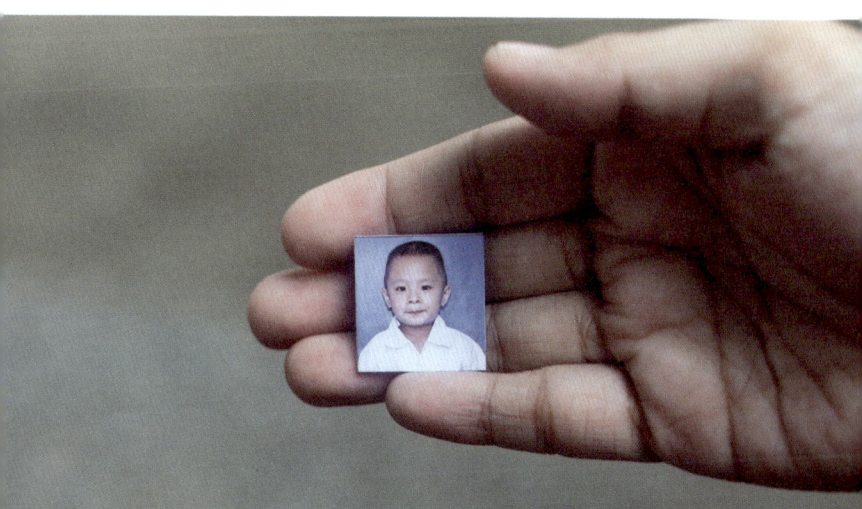

"제 커리어를 갖고 싶어요. 다른 사람에게 의지하고 싶지 않아요. 하지만 이곳에선 독립적인 여성은 이 사회에 속하지 않는다는 시각이 있어요. 그런 여자는 '우리 중 하나'가 아닌 거죠. 만일 여자가 뭔가 스스로 하려고 하면, 사람들은 그녀가 모든 걸 다 혼자서 해내길 기대해요. 그건 힘들죠. 독립적이고 싶다는 게 혼자가 되고 싶다는 뜻은 아니니까요."

_파키스탄 카라치

▶ "문학과 사랑에 빠졌어요. 매일 한두 시간씩 읽으려고 노력해요. 인생은 한 번뿐이지만, 책에서 천 번의 삶을 살 수 있어요."

_이란 라슈트

"솔직히 그냥 하게 된 거예요. 처음에는 공학 전공이었거든요. 그러다 어느 날 밤 물리학 숙제를 하느라 허덕이고 있는데, 룸메이트는 소파에 앉아서 차를 홀짝이며 그저 소설을 읽을 뿐인 거예요. 그래서 저도 그 친구처럼 영문학을 전공하기로 마음먹었죠. 10년이 지나 저는 광고회사에서 카피라이터로 일하고 있습니다. 진입로에 들어서서 차를 댈 때 내가 어떻게 집에 돌아왔는지 하나도 생각이 안 나는 그런 기분 아시나요? 약간 그런 느낌이에요. 그냥 하게 된 분야에서 눈 깜빡할 사이에 8년 차가 됐어요. 감사해야 할 일이 엄청 많죠. 만족스러운 직업이에요. 빠듯한 수입으로 근근이 먹고사는 게 아니라, 재미있게 놀고 휴가를 보낼 여유도 있어요. 하지만 제 직업에 열정이 있는 건 아니에요. SNS에는 전부 '난 이걸 좋아하고 열정을 쏟았어. 그러다 내 직업이 되었지' 이런 이야기만 올라오죠. '내 직업에 열정이 있는 건 아니야. 난 주말에 산악자전거 타는 걸 좋아하고 그걸로 충분해.' 이렇게 얘기하는 사람은 많지 않아요. 제가 해결하고자 하는 감정은 '충분함'이라는 느낌 같아요. 삶을 너무나 사랑하지만 전 거의 모든 시간을 일하는 데 써요. 일 바깥에서 즐거움을 얻는 것 정도로 괜찮은 걸까요? 아니면 열정이라는 것이 생계와 책임감에 단단히 얽혀 있어야 하는 걸까요?"

_캐나다 토론토

"별 느낌은 안 들었어요. 여기선 휴일도 아니잖아요. 일찍 일어나서 거리를 걷고 헤드폰으로 기도를 들었습니다. 아마 저녁식사 뒤에 먹으려고 컵케이크를 샀을지도 모르겠네요. 이집트였다면 가족들과 함께 저녁을 먹었겠지요. 우리는 말린 무화과, 대추, 살구를 물에 넣은 독특한 주스를 마시곤 했어요. 모스크 가는 길엔 아이들에게 먹을 걸 나눠줬죠. 거리에서 사람들은 서로 말을 걸곤 했어요. 정말 아름다웠죠. 사방에 행복이 가득한 걸 보고 '그래, 이드 축제로군'이라고 생각할 겁니다. 하지만 여기서는 저 혼자 기념했어요. 언제나 제 계획은 결국 집으로 돌아가는 거였어요. 저널리즘을 더 공부하고 싶다면 서구권에서 공부해야 한다는 걸 알고 있죠. 그래도 계획은 항상 돌아가는 거였어요. 가족을 꾸리고 전통 방식으로 결혼하는 걸 언제나 상상했거든요. 11월에 박사과정을 마칩니다. 이제 가까워졌죠. 잘 모르겠네요. 전통을 위해 저 자신을 희생하는 게 아닌가 싶기도 해요. 하지만 저도 다른 사람들처럼 되고 싶어요. 엄마가 되고 애들을 키우고, 그뿐이죠. 어쩌면 그곳에서 가까운 대학의 강사가 될 수도 있을 것 같아요. 그러나 거긴 연구 문화가 없어요. 혁신보다는 몇 년이고 똑같은 내용을 가르치게 되기 십상이에요. 전 계속 회의에 나가고 여행도 다니고 싶어요. 관광이 아니라 뭔가 중요한 일을 목적으로요. 나 자신의 발전을 위해, 내 생각을 나누기 위해, 또 사람들이 '잘 배웠습니다'라고 말하도록 말이에요. 제가 다른 사람들보다 잘할 필요는 없어요. 뭔가 도움을 줄 수만 있다면 충분해요. 그렇지만 고향엔 제 어머니가 계시기도 해요. 어머니는 혼자고, 나이 들어가는 중이시죠. 저는 어머니 삶의 이 시기를 놓치고 싶지 않기도 합니다. 어떻게 해야 할지 모르겠지만, 곧 결정해야 돼요." _영국 런던

"저는 예술가가 되려고 노력 중인데 부모님은 그냥 이해를 못 하세요. 엄마한테 그림을 보여주면서 물어봤죠. '이거 어때요?'
그러자 엄마가 이러셨어요. '어디 보자, 근데 왜 여기 담배가 있어? 너 요즘 담배 피우니?'
'아뇨, 엄마. 담배는 고통을 표현하는 거예요.'
그러니까 엄마가 말씀하시더군요. '얘야, 우리가 널 충분히 사랑해주지 않았던 거니?'"

_이란 테헤란

"제 꿈은 언젠가 교사가 되는 거예요. 진짜 좋을 것 같아요. 어린 아이들을 정말 좋아하거든요. 그런데 부모님은 농사를 지으세요. 학교에 보내주실 여유가 없죠. 다음 달이 대학 등록 기간이어서 등록금 낼 돈이 필요해요. 지금 저는 도시에서 친척들과 삽니다. 아침 7시에 일어나서 쇼핑몰에서 가방을 팔아요. 하지만 한 달에 겨우 300달러밖에 못 벌고 그 돈으로는 충분하지가 않아요. 여기서 살려면 정말 돈이 많이 들거든요. 집세 내야죠, 식비 들죠. 돈 모으기가 정말 힘들어요. 매일 퇴근하고 이곳 벤치에 앉아 생각해요. 어쩌면 그냥 집에 돌아가는 게 나을지도 모르겠다고. 하지만 전 교사가 되고 싶었어요. 햇빛 아래 일하며 평생을 보내고 싶진 않아요."

_태국 방콕

"대학 학위 따는 걸 항상 꿈꿔왔어요. 하지만 고등학교를 졸업하자마자 결혼을 했죠. 곧바로 아이가 들어섰고, 그래서 공부하게 해달라고 남편을 설득하기가 쉽지 않았어요. 한번은 제가 그 말을 꺼냈더니 남편이 단번에 안 된다고 했어요. 그러다 몇 년 지나서 여권 사무국에 갔을 때 한 대학교 광고를 봤어요. 남편 소매를 끌어당기면서 그 광고를 가리켰죠. '이거 한 번 봐요. 그냥 보기만 하자고요.' 바로 그날, 저는 수업에 등록했어요. 매일 새벽 2시까지 기다렸어요. 식구들이 해달라는 걸 모두 다 해주고 온 집안이 잠든 시간이죠. 그때부터가 제 공부 시간이었어요. 아침까지 공부하다가 아이들을 깨우고 학교에 보낼 준비를 했죠. 그런 다음에야 쉴 수 있었어요. 너무 힘들었지만 정말 행복했습니다. 시간을 거슬러 아이들이 내 형제가 된 것 같은 기분이었죠. 저는 3학년 때 다시 임신을 했고, 학기말 시험 기간에 진통이 올까봐 걱정했어요. 하지만 결국 학위를 받았어요. 인생에서 가장 행복한 날이었죠. 남편이 아주 신나했어요. 이제 모든 게 달라요. 전 세상을 이해하고 있죠. 그전엔 집 떠나는 걸 무서워했어요. 하지만 지금은 힘이 넘쳐요. 그렇다는 게 보여요."

_이집트 카이로

"6개월 아기였을 때 저는 중국 북부의 한 고아원에 버려졌어요. 제 상의에 꽂힌 작은 쪽지 한 장과 함께였죠. 쪽지에는 고향마을 이름만 적혀 있었어요. 고아원에서 제 이름을 가오안나라고 지어줬는데 '높은 산에서 온 소녀'라는 뜻이에요. 어머니는 제 사진을 우편으로 받고 나서 저를 입양하기로 결심했대요. 그때 마흔다섯이셨죠. 이혼한 지 얼마 안 됐고, 아이를 가진 적은 없으셨어요. 그러니까 평생 우리 둘뿐이었어요. 한번은 고등학생 때 서로 말다툼을 했는데 엄마가 아주 감정이 격해졌던 것이 기억나요. 엄마는 울면서 이러셨어요. '우리는 싸우면 안 돼. 우리 둘뿐이잖아. 우린 함께해야 돼.' 그 순간 제가 엄마의 삶을 얼마나 변화시켰는지를 깨달았어요. 물론 엄마는 처음부터 그걸 알고 있었겠지요. 하지만 저의 경우 그건 배워야만 알 수 있는 거였어요."

_미국 뉴욕

"그 사람들은 한마디도 안 했습니다. 그냥 공중에 총을 발사하더니 우리 집들을 불태우기 시작했어요. 마을 북쪽에서 불길이 시작됐고 우리는 남쪽으로 도망쳐 숲으로 들어갔지요. 밤새도록 어둠 속을 걸어갔어요. 저는 숲속 사방에서 사람들 소리를 들을 수 있었습니다. 너무 겁이 나서 쉬지도 못했죠. 해가 뜨기 시작하자 모두들 당황해서 뛰기 시작했어요. 그런데 어린애 두 명이 나무에 기대 있는 걸 알아차렸죠. 둘 다 울고 있더라고요. 남자애는 아무 말이 없었어요. 여자애는 엄마가 살해됐다는 얘기만 했고요. 나와 같이 가고 싶냐고 물어봤더니 고개를 끄덕였어요. 최선을 다해 돌보고 있긴 하지만 이미 식구가 많아서 힘에 부쳐요. 애들이 이제는 더 행복하리라고 생각해요. 여자애는 캠프에서 친구들도 좀 사귀었고요. 하지만 여전히 자기 엄마에 대해 계속 물어봐요."

_방글라데시 로힝야 난민캠프

"푸레브수렝 선생님은 제 전부예요. 몽골 최고의 특수 교사이시죠. 선생님은 모든 학생을 사랑하세요. 2년 전 어머니가 돌아가셨을 때 학교에서는 저를 고아원에 보내려 했어요. 하지만 푸레브수렝 선생님께서 절 돌보겠다고 자원했지요. 본인 자녀들도 있고 급여도 적지만 돌보기로 하신 거죠. 선생님은 저를 끌어올려줄 뿐만 아니라 저한테 드는 모든 비용을 내주고 매일 저녁 음식도 요리해주세요. 심지어 이 유도 유니폼을 사주려고 수집품을 모으시기도 했어요. 저는 새 옷을 입어본 게 처음이었어요. 어머니도 지금 저를 본다면 기뻐하면서 선생님께 고마워할 거예요. 정말 메달을 따고 싶어요. 하지만 그건 그냥 작은 거란 걸 알아요. 언젠가 푸레브수렝 선생님께 진정으로 보답할 거예요. 어른이 될 거고 선생님을 자랑스럽게 해드릴 거예요. 그리고 선생님이 나이 들면 제가 돌봐드릴 겁니다. 선생님께서 절 돌봐준 것처럼요."

_아랍에미리트 아부다비, 스페셜올림픽

"이브라힘, 아빠는 널 사랑해. 얘는 제 사랑이에요. 저에게 온 세상이랍니다. 아들이 네 명 더 있지만 얘를 조금 더 사랑하죠. 얘한테는 사랑이 더 필요하니까요. 의사들이 지우라고 했지만 전 안 들었어요. 태어날 때 겨우 1.3킬로그램이었고, 매일 우유를 0.5리터씩 먹여야 했어요. 그걸 사주려고 제 아침밥을 걸렀습니다. 얘가 아주 어렸을 때 다른 아이들과 편안히 지냈으면 해서 어린이집에 데려갔죠. 또 말하기 수업을 해주는 자선단체를 일주일에 다섯 번 데리고 다니기도 했어요. 내가 가진 건 뭐든지 다 주고 싶어요. 다만 내가 죽고 나서 어떻게 될지가 걱정될 뿐입니다. 전 늙어가고 있거든요. 2주일 전에는 심장병 증상 때문에 길에서 쓰러졌는데 이 아이 생각만 나더라고요. 아내 혼자서는 먹여살릴 수 없을 테고, 다른 사람들이 얘한테 잘해주지 못할까봐 걱정이 돼요. 누군가 이브라힘을 화나게 하면 앤 다루기가 정말 힘들어져요. 하지만 저는 인내심이 있죠. 안아주고, 또 어깨를 두드려줍니다. 필요한 건 뭐든지 해주죠. 그렇게 똑같이 해줄 누군가가 항상 이 애 곁에 있기를 바랄 뿐이에요."

_이집트 카이로

"그날은 그해에 시간이 가장 빨리 간 날이었어요. 그러니까 1987년 12월 21일이네요. 점심시간에 달리기를 하려고 사무실 밖으로 나갔었죠. 여기서 수백 미터 정도나 떨어졌을까. 하여간 거기서 강을 따라 조깅을 하고 있었는데, 어떤 사람이 물 쪽을 가리키더라고요. 보니까 거기에 웬 남자 한 명이 있었어요. 워털루 다리에서 뛰어내린 모양이었는데 강 한가운데서 팔을 흔들고 있었죠. 지금은 제가 물에는 영 겁쟁이거든요. 바닷가에 가도 무작정 물속으로 달려들지 않고 아주 조심스럽게 움직이죠. 하지만 그날 전 신발을 벗고 바로 강 쪽으로 향했습니다. 강둑이 제법 높았는데, 아래로 향하는 내내 이런 생각이 들었죠. '젠장, 엄청 추울 텐데.' 하지만 물에 닿자마자 곧 제가 해야 할 일에 집중했어요. 45미터를 헤엄쳐서 그 남자에게 다가갔습니다. 의식을 잃은 상태의 그를 강가 쪽으로 헤엄쳐 끌고 갔어요. 다행히 곧 경찰선이 도착해서 밧줄로 우리를 끌어줬지요. 경찰이 저를 데려가서 신고서를 작성하게 하고, 갈아입을 헌 옷을 주더니 그 길로 보내더군요. 신문에 나지도 않았고 인터뷰도 없었죠. 2시 45분 회의에 지각한 이유를 설명하느라 제 상사에게 말한 게 전부예요. 그래도 작은 건 하나 받았어요. 저희 집 계단 꼭대기에 경찰서장 증명서가 걸려 있어요. 이렇게 쓰여 있죠. '갤런트리 상: 템스강에서 물에 빠진 사람을 구조했음.'"

_영국 런던

"인생에서 처음으로 세계대회 금메달을 땄어요. 전 아주 침착하게 감정을 잘 다스렸죠. 집에서 나올 때 엄마가 훈련에 열심히 집중하고 이집트가 널 자랑스러워하게 만들라고 말씀하셨어요. 가끔 말을 타고 있을 때 전 엄마가 멀리 카이로가 아니라 마치 바로 옆에 있는 것처럼 굴곤 해요. 엄마에게 진짜 감사드립니다. 저를 위해 모든 걸 해주시거든요. 아빠는 천국에 계시는데, 제가 정말 그리워하고 사랑한다는 걸 아빠도 아셨으면 좋겠어요. 전 항상 아빠가 '잘하자', '조심해야지'라고 하시는 걸 들어요. 금메달을 딸 수 있게 도와주신 신께 감사드리고 싶어요. 어제 전화로 '금메달 따길 바랄게'라고 말해주었던 오빠 이슬람도 고마워요. 정말 도움이 됐어요. 그리고 제가 사랑하는 사람, 달리아 코치에게도 고마움을 전합니다. 달리아는 제 여동생이나 다름없어요. 지금 인생이 너무나 아름다운 것 같아요. 얼굴 가득 웃음이 느껴집니다. 모두를 사랑해요. 그리고 모두들 날 아주 많이 사랑하는 것 같아요. 내가 아름다우니까요."

_아랍에미리트 아부다비, 스페셜올림픽

"주말마다 인명구조 훈련을 받아요. 우리는 가끔 바다 한가운데 있는 부표까지 양팔을 저어서 가는 패들링 경주를 하죠. 몇 주일 전에는 정말 힘든 경주를 했어요. 바다가 오늘처럼 엉망이었는데, 심지어 파도까지 더 컸죠. 그리고 고깔해파리가 많았어요. 해파리 비슷한 건데 더 나쁘죠. 아빠가 제게 꼭 경주에 참가하지 않아도 된다고 했고, 또 참가자들도 절반이나 빠져버렸어요. 하지만 저는 구조대원이 될 수 있다는 걸 인정받고 싶어서 어쨌든 참가하기로 했어요. 겉으론 갈 준비가 된 것처럼 보였지만 사실 속으로는 제법 긴장했죠. 그러다가 경주가 시작됐는데 파도가 너무 높아서 어떤 여자애들은 되돌아가기도 했고, 또 어떤 애들은 보드 앞쪽으로 고꾸라지기도 했어요. 그래도 저는 끝까지 해내서 4등으로 들어왔어요. 제겐 엄청난 성적이라 모든 사람들이 축하해줬죠."

_호주 시드니

"시내버스 운전을 합니다. 평생 하고 싶진 않아요. 매일 새벽 4시에 일어나야 하죠. 저랑 잘 안 맞더라고요. 그래서 제 음악을 시작하려 노력 중이죠. 하루 종일 이 CD를 건네고 있어요. 근데 힘들어요. 지금까지 겨우 세 장 팔았어요. 근데 CD 사간 사람 중 한 명이 알제리 출신이에요. 그러니 이제 알제리에서 제 음악을 듣는다고 말할 수 있죠."

_미국 뉴욕

"저는 많은 걸 그릴 수 있어요. 나무, 해, 구름, 엄마, 아빠를 그릴 수 있죠. 한번은 집을 되게 잘 그린 적이 있어서 아무도 훔쳐가지 못하게 숨겨야 했어요."

_이란 테헤란

"전에 얘가 저 대신 사회 시험을 쳐준 적이 있거든요. 근데 시험지에 자기 이름을 써서 들통나 버렸어요."

_이란 찰루스

"저랑 남동생이랑 예전에 싸운 적이 있어요. 그런데 지금 걔가 일자리를 못 구하고 있거든요. 내가 부두교 주문을 걸었다나. 그렇게 정말로 확신하더라고요."

_우간다 캄팔라

"열다섯 살 때부터 건설 일을 해왔어요. 매일 밤 집으로 갈 때마다 항상 내가 뭘 지었는지 돌아보는 게 큰 기쁨입니다. 몇 년 전에 여기서 멀지 않은 곳에 어린이 공원을 지었는데요, 그 마지막 날 드디어 공원 문을 여니까 아이들이 뜀박질해서 들어가더군요. 눈물이 났어요."

_브라질 상파울루

분투

나는 늘 '분투'라는 말로 시작한다. 한 사람에게 다가가 작업에 대해 설명하고 인터뷰 허락을 받은 뒤, 가능한 한 가장 갑작스런 질문으로 시작하는 것이다: "바로 지금 당신이 가장 분투하고 있는 게 뭐죠?" 가끔은 그 사람을 순식간에 포착하기 때문에 더 깊이 파고들 필요가 없다. 뭔가 표면에 있다. 뭔가 무거운 것. 내려놓고 싶은 유혹을 미뤄둔 채 그가 짊어지고 다니던 그 무엇 말이다. 어쩌면 그들은 방금 이혼서류에 서명했을지도 모른다. 혹은 다음 주에 아버지의 장례식을 치른다거나, 아니면 아들이 방금 중독치료를 세 번째 그만뒀을 수도 있다. 이런 것들은 모두 우리 주변에서, 우아한 사회의 표면 바로 아래에서 벌어지고 있는 전투다. 가벼운 이야기들의 아래에서, 스포츠와 날씨, 정치 바로 아래에서 말이다. 거기에는 많은 고통들이 자리하고 있다. 그 고통들은 내부에서부터 밀려오며, 때로는 그것을 이끌어내는 질문 하나로 충분하다.

"누구에게나 사연이 있다"라는 오래된 클리셰. 그것이 클리셰인 데는 다 이유가 있다. 모두가 '분투'하기 때문이다. 어떤 이야기나 그 핵심에는 분투가 있다. 그들이 직면해온, 그리고 극복하기를 희망하는 장해물들과의 분투 말이다. 그것은 산에 오르거나 물에 빠진 사람을 구조하는 것처럼 명백히 신체적인 위업일 수 있다. 혹은 우울증이나 중독, 조현병 같은 정신적인 전투일 수도 있다. 또한 희극적일 수도 있고 비극적일 수도 있다. 그런데 이런 특정 요소들 중 어느 것도, 분투가 이야기 안에서 왜 중요한지를 설명해주지 못한다. 분투는 다름 아닌 변화와 관련되어 있기 때문에 중요하다. 즉, 분투는 사람을 바꾼다. 잘 짜인 이야기는 단지 그러한 변화의 흐름을 따라갈 뿐이다.

하루 종일 돌아다니며 사람들에게 그들이 무엇을 분투하고 있는지 물어보는 것은 우울해 보일지도 모른다. 그러나 분투는 단지 시작점, 이야기가 시작되는 곳일 뿐이다. 분투는 성찰과 이해, 그리고 성장으로 향하는 기회가 된다. 위대한 이야기는 절대 분투 자체로 끝나지 않는다. 언제나 그 사람과 함께 끝난다. 랠프 왈도 에머슨의 명언에 이런 것이 있다. "내가 만나는 모든 사람은 누구나 어떤 면에선 나보다 낫고, 그런 점에서 나는 그에게 배운다." 수천 명을 인터뷰했지만 나는 여전히 만나는 사람들마다 새로운 것을 배운다. 모든 사람은 독특한 전문 지식을 지니고 있다. 한 사람의 전문 지식을 찾아내는 가장 빠른 방법은 바로 그 사람이 분투하고 있는 게 뭔지 알아내는 것이다. 그가 맞서 싸워온 것, 가장 오랫동안 간직해온 것들 말이다. 왜냐하면 그것들은 곧 그가 가장 많이 생각해온 것이기 때문이다.

분투에는 한 가지 결정적인 힘이 있는데, 나는 이것을 10년의 세월 동안 이야기들을 나눠오면서 비로소 깨닫게 되었다. 바로 분투가 우리를 연결시킨다는 것이다. 우리는 다른 사람의 승리보다는 그들의 도전에 대해 훨씬 더 많이 이야기한다. 우리는 기쁨보다는 고통에 훨씬 더 많이 공감한다. 똑같은 고통을 느꼈다고 깨닫는 순간, 우리는 진정으로 다른 사람에게서 우리 자신을 보게 된다. 왜 그런지는 모르겠지만 그런 일이 일어난다. 어쩌면 고통은 가장 보편적인 감정일지도 모른다. 어쩌면 노인의 고독과 빈곤한 어린이의 배고픔 사이에는 보이지 않게 연결된 끈이 있는지도 모른다. 어쩌면 고통은 분리될 수 없는 것인지도 모른다. 이는 기이하면서도 혹독하다. 어쩌면 고통이 영혼 깊숙이

가라앉을지도 모른다. 이유가 무엇이든, 다른 사람이 고통을 느끼면 우리 자신도 이를 느낀다. 다른 사람의 고통을 인식하는 것은 공감의 주된 원동력이다. 이것이 연민의 시작이다. 고통이 더 생생하게 표현될수록, 더욱 분명하게 말해질수록, 더 많은 연민을 이끌어낸다.

우리는 그 어느 때보다 자기 삶을 공유하는 시대에 살고 있다. 그래서 우리는 사람들이 연결된 느낌을 받으리라 기대한다. 내 말을 듣게 되고, 마침내 이해 받으리라. 하지만 그 대신 고독과 고립이 전염병처럼 확산되었다. 이는 소셜미디어를 훑어보는 것으로는 결코 알아차릴 수 없다. 행복한 가족, 기념비적인 사건들, 업적과 축하할 일들만 볼 수 있을 뿐이다. 모든 사람들이 풍요롭게 살고 있는 것으로 보일 것이다. 기쁨을 공유하는 것에 국한하는 경향이 우리에게 있기 때문이다. 우리는 기쁨을 인생에서 궁극적으로 성취할 가치가 있는 것으로 여긴다. 우리의 기쁨이 친구나 직장 동료, 또는 연인으로서 우리를 호감 가도록 만들 것이라고 생각한다. 어쩌면 그것이 정말로 욕망을 만들어낼지도 모른다. 혹은 부러움을 살 수도 있다. 하지만 그것은 연결감을 만들어내진 못한다. 나는 바로 이 점이 '휴먼스 오브 뉴욕'이 소셜미디어에서 매우 빠르게 성장한 이유 중 하나라고 생각한다. 모든 사람들이 부서지지 않은 것처럼 보이려고 하는 플랫폼에 '휴먼스'가 약간의 취약성을 부여했기 때문이다. 승리를 선언하는 사람들의 끝없는 스크롤 속에서, 여러분은 자신의 분투를 나누는 사람들과 우연히 마주치곤 했다. 그것은 달랐다. 여러분을 멈춰 세울 만큼, 그리고 읽도록, 연결되도록 할 만큼 달랐다.

"그 주제에 대해 많이 읽었습니다. 텍스트를 연구했어요. 그걸 벗는 게 허용된다고 결심하게 됐고, 그래서 그렇게 했습니다. 엄마는 사람들이 어떻게 생각할지 두려워하셨어요. 페이스북에서 공통 친구들을 죄다 삭제해달라고 하셨죠. 히잡을 쓰지 않을 거면 집에서 나가라고 하셨습니다. 그래서 전 큰 가방 네 개에 짐을 싸서 친구 집으로 떠났어요. 처음으로 외박을 했죠. 그 뒤 몇 주 동안 매일 부모님께 메시지를 보냈습니다. 어디 있는지, 뭘 하는지, 누구와 있는지를 항상 말씀드렸죠. 내가 그분들을 용서했고, 여전히 그분들의 딸이고, 언젠가 다시 평소처럼 돌아올 거라는 걸 보여드리고 싶었어요. 석 달 동안 답이 없으셨어요. 어느 명절에 삼촌이 전화해서 저녁식사에 초대하시기 전까지요. 제가 문을 들어서자마자 부모님은 울기 시작하셨죠. 엄청난 식사를 준비해놓으셨어요. 두 분은 진심이 아니었다고, 널 많이 사랑한다고, 네가 자랑스럽다고 하셨어요. 지금은 아주 잘 지내요. 제가 순종하던 때보다도 훨씬 잘 지내고 있습니다."

_이집트 알렉산드리아

"대통령 전용기가 격추되었을 때, 사람들은 곧 닥쳐올 종족학살에 대해 수군거리기 시작했습니다. 거리가 텅 비었어요. 아무도 장거리 여행을 하지 않았죠. 폭력에 관한 이야기들이 들려왔습니다. 다른 지역에 사는 친척들이 공포스러운 이야기들과 함께 우리 현관문 앞에 도착하곤 했어요. 하루는 아버지가 집에 오셔서 아버지 대학의 투치족 잡역부에 대해 얘기해주셨어요. 학생들 옷을 세탁하는 사람이었죠. 자기 소유의 다리미로 고문당해 죽었다고 해요. 이 시기 동안 저는 점차 너무 우울해졌어요. 항상 혼자 있고 싶었습니다. 안전을 위해 가족들이 근처 교회에서 자는 밤도 있었지만, 저는 집에 혼자 남아 있곤 했어요. 공기 속에서 뭔가 끔찍한 걸 느낄 수 있었어요. 그 뒤 4월 21일, 종족학살이 우리 마을에 공식적으로 닥쳐왔습니다. 민병대는 투치족 보행자들을 도심에 집결시켰어요. 이 경기장으로 데려왔죠. 모두 200명이었는데 그들을 줄지어 세웠어요. 그런 다음 문을 열고 일반 사람들을 초대해 자리를 채우게 했습니다. 주지사를 맨 앞줄에 억지로 앉혔죠. 그는 혼혈이었고 대량 학살에 반대했어요. 마지막 사람이 처형된 후 그들은 주지사를 끌어내렸고 그 또한 죽였습니다. 그의 시체는 가두 행진에서 전시되었죠. 살인자들은 구내방송으로 외치고 있었어요. '우리가 주지사를 죽였다! 무엇이든 가능하다! 이제 사냥을 시작하자!'"

"아버지는 지역사회에서 존경받는 분이었어요. 대학교수이자 합창단원이셨죠. 아버지는 항상 일을 하고 있었기 때문에 주로 어머니가 우리를 키우셨어요. 어머니 이름은 콘솔리에요. 깊은 슬픔을 지닌 분이셨죠. 1963년 종족학살 때 어머니의 부모님이 살해당하고 고아가 되셨거든요. 조부모님 이야기를 해달라고 할 때마다 어머니는 그냥 '시간을 다오. 곧 직접 보게 될 거야'라고만 하셨죠. 전 최대한 어머니를 도와드리려 했어요. 우리 문화에서 장녀들은 어머니처럼 행동하거든요. 그래서 저도 동생 여섯 명을 돌봤어요. 걔들은 절 너무 엄하다고 생각했어요. 항상 저보고 수녀처럼 행동한다고 말했죠. 그러면서도 절 우러러봤어요. 그리고 절 사랑했고요. 가끔 동생들이 곤경에 처하면 제가 도와주곤 했어요. 여동생 프랜신이 유리병에 발을 베었을 때, 어머니께 말씀드리는 걸 무서워했어요. 맨발로 다니면 안 됐거든요. 제가 걔 신발 밑창에 구멍을 내서 그 애가 한 짓을 감추도록 도와줬어요. 밤이 되면 모두들 내 침대에 모여있었어요. 동생들은 이야기를 해달라고 조르곤 했죠. 전 항상 동생들이 잠들 때까지 이야기를 해줬어요. 우리 막내는 남자아이였는데요. 토닥토닥 흔들어줘야 잠들었기 때문에 항상 오래 걸렸어요. 막내 이름은 에드먼드 리처드였지만 우린 '베베'라고 불렀죠. 종족학살이 시작됐을 때 베베는 한 살 반이었어요."

"만약 당신이 쫓기고 있다면, 이 덤불은 가장 숨기 좋은 곳 중 하나예요. 르완다의 모든 종족학살 생존자들은 이런 종류의 덤불에 대해 말할 수 있을 겁니다. 가시투성이죠. 하지만 엎드려서 기어가면 안쪽으로 들어갈 수 있고, 안쪽으로 들어갈 수 있다면 드디어 쉴 수 있어요. 가장 숨기 좋은 곳들은 항상 가장 위험하죠. 농장은 좋지 않았어요. 농장에 숨으려 했던 사람들은 전부 발각됐죠. 화장실도 안 좋았어요. 왜냐면 거긴 시체를 유기한 곳이었거든요. 우리는 살인자들이 가기 두려워하는 곳을 찾고 싶었죠. 위험이 높을수록 붙잡힐 가능성이 낮아지니까요. 늪지는 가장 인기 있는 선택지 중 하나였는데, 거기선 이래저래 죽을 위험이 많았어요. 진흙에 갇혀서 빠져 죽기가 쉬웠죠. 우리 대부분이 수영을 못하기도 했고요. 또 모기가 말라리아를 일으킬 수 있죠. 혹은 뱀에게 한 번만 물려도 죽을 수 있어요. 하지만 최악은 악어들이었어요. 늪지에 숨었던 사람들 절반이 악어에게 잡아먹혔다고 할 수 있을 겁니다. 제 남동생은 늪지에 숨으려고 했어요. 그리고 걔는 실제로 그 모든 것들을 피해 살아남았어요. 부룬디 국경까지 갔죠. 하지만 그때 헬리콥터가 공중에서 연료를 투하한 다음, 걔가 있던 늪에 불을 질렀어요."

"우리 가족은 최우선 표적이었습니다. 아버지가 아주 유명했기 때문이죠. 종족학살이 공식적으로 시작되자 살인 분대가 곧장 우리 집으로 왔어요. 이웃 중 한 명이 그 무리에서 떨어져 나와 우리에게 경고해주려고 미리 달려왔어요. 그는 우리 거리로 와서 목청껏 소리쳤어요. '도망가! 너희를 죽이러 오고 있어!' 어머니는 즉시 무릎을 꿇고 기도하기 시작했어요. 아버지가 어머니를 땅에서 끌어냈죠. 아버지는 우리 모두에게 나가라고 말했어요. 모두 다른 방향으로 달렸습니다. 왜 우리가 흩어졌는지 모르겠지만, 주변이 온통 총성과 비명으로 가득했어요. 전 어머니와 여동생들을 따라 근처의 대농장으로 갔습니다. 아기는 우리와 함께였어요. 거기서 나흘 동안 지냈어요. 하지만 전 편안한 느낌이 들지 않았어요. 주변에서 온통 우리를 사냥하는 사람들 소리가 들렸지요. 우리 이름을 부르고 있었어요. 새로운 장소를 찾아야 했습니다. 어머니와 여동생들에게 함께 도망치자고 애원했지만 다들 너무 낙담해 있었어요. 움직일 힘이 없었죠. 그래서 전 혼자 나와서 우리 집으로 돌아갔습니다. 아버지를 찾고 있었죠. 근처 덤불에 웅크리고 앉아서 아버지가 돌아오기를 기다렸어요. 이른 아침, 사람들 한 무리가 언덕 위로 행진해 왔습니다. 아버지가 한가운데 계셨죠. 아버지 키가 아주 커서 제가 얼굴을 볼 수 있었어요. 그들은 아버지를 바로 이 지점까지 데려왔습니다. 아버지가 자신의 집에서 살해당하기를 요청했기 때문이죠. 전 눈을 감았어요. '제발 하나님, 제발 저 사람이 아버지가 아니게 해주세요. 제발 다른 사람으로 바꿔주세요' 그랬어요. 하지만 제가 눈을 떠도 여전히 아버지 얼굴이었죠. 다 봤습니다. 그 시간 내내 전 그게 아버지가 아니라고 상상하려 애썼어요. 그러나 눈을 떴을 때 보이는 건 항상 아버지였어요. 그들은 아버지를 마체테 칼로 해치웠죠. 마침내 그들이 떠나고, 저는 아버지의 시체를 보려고 걸어갔어요. 아버지는 죽음을 목전에 두고 있었습니다. 아직 머리를 앞뒤로 움직이고 있었어요."

"아버지가 죽는 걸 본 날, 이 치마를 입고 있었어요. 전 겨우 열여덟 살이었습니다. 살아갈 의욕을 완전히 잃었어요. 좀비처럼 거리를 걸어 이 집으로 왔어요. 그 당시 집주인은 우리 집을 약탈하느라 집에 없었어요. 그 여자의 침대 밑에 숨으려 했지만, 다른 투치족 남자가 있더군요. 그 남자는 저보고 나가라고 소리 지르기 시작했어요. '너무 비좁아. 너 때문에 우리 둘 다 죽을 거야'라면서요. 그래서 전 화장실에 뛰어들려고 밖으로 달려 나갔지만, 살인자들이 이미 문 앞에 와 있었습니다. 그들은 침대 밑에서 남자를 끌어내서 내 눈 앞에서 죽였어요. 저도 죽이려 했는데 대장이 '다른 계획이 있다'고 하더군요. 그자가 총을 갖고 있었기 때문에 모두들 그의 말을 들었습니다. 그자는 저를 농장 쪽으로 끌고 갔어요. 명령에 따르지 않으면 죽일 거라고 했죠. 그자가 절 바닥에 눕게 했어요. 셔츠 단추를 풀고 제 옆에 눕더니 제 다리를 벌리려 했습니다. 그래서 전 그자의 고환을 잡아 있는 힘껏 쥐어짰습니다. 그자가 절 때리려 해서 전 그걸 더 세게 쥐어짜고 비틀어버렸어요. 그자가 고통에 몸부림쳤지만 기절할 때까지 놔주지 않았습니다. 그러고 전 어둠 속을 달리기 시작했어요. 아무것도 보이지 않았죠. 그러다 오물이 가득한 변소에 빠졌고 밤새 거기에 있었던 기억이에요. 너무 피곤해서 움직일 수 없었거든요."

"다음 날 아침, 사람들이 내 이름을 부르는 소리를 듣고 모습을 드러내기로 마음먹었어요. 너무 지쳐서 저항할 수 없었죠. 사람들이 말하길, 여자와 아이들에게는 일반 사면이 내려졌다고 했어요. 그 소문을 믿었던 우리 모두가 이곳 투치족 과부의 집으로 끌려왔어요. 도착하니 엄마와 여동생들이 있었습니다. 다들 아직 살아 있었지만, 너무 쇠약하고 기운이 없어서 거의 움직이지도 못했어요. 이 집에서 2주 동안 지냈습니다. 여기 열여섯 명이 있었어요. 그러다 어느 날 밤, 한 군인이 와서 우리가 처형될 거라고 말해줬어요. 엄마는 여동생들에게 도망가라고 재촉했지만, 걔들은 아무도 엄마 곁을 떠나고 싶어 하지 않았죠. 전 프랜신에게 같이 도망가자고 애원했어요. 걔가 제일 큰 동생이었죠. 우린 기회가 있었어요. 하지만 프랜신은 너무 지쳐 있었죠. 걘 그 며칠 전에 강간을 당했어요. 제게 죽을 준비가 돼 있다고 말하더군요. 그날 밤 군인 80명이 그 집에 왔습니다. 우리 이름이 적힌 명단을 갖고 있었어요. 군인들은 사람들을 붙잡기 시작했습니다. 소란이 일어나는 동안 전 창밖으로 뛰어내려 나무 뒤에 숨었습니다. 우리 어머니는 마흔여덟 살이셨어요. 프랜신은 열여섯 살이었죠. 올리비아는 열네 살, 노엘라는 열한 살, 아우그타비엔은 일곱 살, 클로디트는 네 살이었고, 베베는 거의 두 살이었죠. 전 기절할 때까지 그들의 비명 소리를 들었습니다."

"어느 군인에게 발각된 걸 알아차리고 잠에서 깼어요. 그 군인은 꾸물거리더니 저를 이 골목길까지 데려왔습니다. 제게 총을 겨누더니 인생에 작별을 고하라고 말했죠. 그 순간 전 죽을 각오를 했어요. 그런데 그 때 메리가 집에서 뛰쳐나왔어요. 메리는 그 군인 발 앞에 엎드려 애원했어요. '이 아이는 내게 남겨줘요. 당신들은 얘네 가족을 모두 다 죽였잖아요. 그냥 얘 하나라도 내게 남겨줘요. 하나님께서 내게 보낸 아이예요' 이러셨죠. 메리는 군인에게 가진 돈을 모두 바쳤어요. 군인에게 이렇게 말했죠. '전쟁이 끝나면 돌아와서 이 소녀를 아내로 맞이할 수 있어요.' 그리고 이 말이 마침내 그를 설득시켰어요. 그는 저를 넘겨주었습니다. 메리는 저를 안으로 데려와서 음식을 만들어줬어요. 옷을 갈아입게 해줬죠. 내 머리를 감겨주려 했지만 너무 두꺼워져서 전부 잘라냈어요. 그러고 나서 메리는 저를 그녀 집 뒤편의 덤불에 숨겨줬습니다. 거기서 몇 주간 머물렀어요. 매일 밤, 메리는 제게 죽과 물을 가져다줬어요. 뉴스 보도를 따라잡을 수 있게 작은 라디오도 줬고요. 매일 우리의 반란군이 마을 가까이 다가오고 있었죠. 메리가 용기를 북돋아줬어요. 모든 게 곧 끝날 거라고, 내가 구조될 거라고 말해주곤 했죠. 메리는 내가 살아남을 거라고 약속했어요. 그리고 메리가 옳았어요. 전 정말로 살아남았어요. 그녀 덕분에."

"종족학살이 일어나기 전 우리 가족은 열두 명이었습니다. 그중 저 혼자만 살아남았죠. 시신을 여덟 구 수습했고, 찾을 수 있었던 뼈를 묻었습니다. 대학살 이후에 전 아무도 믿지 못했어요. 르완다 애국전선이 절 구조해줬을 때도, 전 받은 음식을 먹지 않았어요. 독이 들었을지도 모른다고 생각했거든요. 그래서 그냥 들판에서 얻은 날것의 음식을 먹곤 했어요. 살이 너무 많이 빠졌지만 신경 쓰지 않았죠. 사람들이 절 조각상마냥 쳐다봤어요. 사람들은 내 감정이 얼어붙었다고 여겼죠. 우리 가족이 죽은 걸 알았지만, 제게 질문하고 싶어 하지 않았어요. 그래서 전 이 모든 걸 수십 년 동안 견뎠습니다. 누구와 이야기할 수 있었겠어요? 100만 명의 희생자가 있는 나라에서 내 이야기를 어떻게 시작할 수 있을까요? 모두에게 너무나 많은 비극이 있었습니다. 어떤 이는 팔과 다리를 잃었죠. 또 어떤 이는 강간당해 HIV에 걸렸어요. 무엇이 내 이야기를 가치 있게 만들까요? 나는 누구일까요? 내가 왜 동정을 부탁해야 하죠? 도대체 누구에게 부탁해야 하나요? 그래서 전 아무에게도 달라고 하지 않았어요. 그 누구에게도 그 무엇도 결코 요청하지 않았습니다. 전 누군가 절 돌보는 걸 바라지 않아요. 사람들이 생일을 축하해주길 바라지도 않고요. 아니면 요리를 해준다거나, 아니면 다정한 말을 해주는 것조차도요. 내가 사랑을 주는 건 괜찮아요. 하지만 누군가의 사랑을 내가 받아들일 순 없어요. 왜냐면 전 빼앗길 수 있는 건 아무것도 원치 않기 때문입니다."

_르완다 부타레

"내가 우리 집안 막내였어요. 이스라엘에 나 먼저 갔고, 나머지 가족들이 오기로 했었죠. 아무도 그러지 못했어요. 처음 몇 년간은 서로 편지를 보냈죠. 폴란드에서 마지막으로 받은 편지는 1941년에 왔어요. 어머니가 보낸 편지였죠. 식량을 보내달라고 했어요. 그러곤 편지가 끊겼습니다. 난 독일이 폴란드를 점령했다는 걸 알고 있었고, 거기서 일어나는 일들에 대한 소문을 들었어요. 우리 가족에게 구체적으로 일어난 일에 대해선 전혀 듣지 못했어요. 절대 그러고 싶지 않았죠."

"아주 좋은 부분도 있고 아주 나쁜 부분도 있었지만, 결국 난 삶을 사랑합니다. 매일 잠들기 전에 하나님께 3년만 더 살게 해달라고 부탁해요. 그래서 백 살까지 살 수 있도록요. 그러고는 내가 폴란드를 떠날 때 어머니께서 해주신 축복의 말을 읊어요. 어머니를 본 게 그때가 마지막이에요. 그 축복은 히브리어로 하면 훨씬 더 효과적이지만, 이런 얘기예요. '당신이 어디에 가든, 언제나 사람들은 당신이 아름다운 마음을 갖고 있음을 알아채리라.'"

_예루살렘

"이제 같이 놀 사람이 있어요!"

_필리핀 마닐라

"아들을 아프리카에서 키울지, 미국으로 이사할지 대토론을 했죠. 우리 둘 다 가나에서 자랐지만, 저는 웨스트버지니아에서 박사학위를 받았고, 그래서 미국으로 가는 것도 한 가지 선택지였어요. 취업 기회는 미국이 확실히 나을 테니까요. 우리 둘 다 교수인데, 여기서 얼마 받는지 아시면 아마 웃으실 거예요. 의료도 그쪽이 더 나을 거고요. 적어도 미국에서는 병상을 찾지 못해서 사람이 죽어간다는 얘기는 듣지 못하잖아요. 하지만 그럼에도 우리는 아들을 이곳 가나에서 키우기로 결정했습니다. 아들이 피부색에 대해 고민할 필요가 없기 때문이죠. 여기서 우리는 흑인이 된다는 게 뭘 의미하는지 설명할 필요가 전혀 없어요. 혹은 흑인이 된다는 것의 규칙들도 신경 안 써도 되죠. 미국 웨스트버지니아에 있을 때, 하루는 제 폰에서 납치범 공개 수배 '앰버 알람'이 울리더니 '키 큰 흑인 남성'이라고만 적혀 있더군요. 그런데 주변에 흑인이라곤 저뿐이어서 거의 공황 상태에 빠졌죠. 또 어느 날엔 강의를 마치고 기숙사로 걸어가고 있었어요. 어떤 사람이 빨간색 트럭을 타고 지나가면서 내 머리에 햄버거를 던지더군요. 그러면서 절 인종차별적인 말로 불렀어요. 오후 3시였죠. 그런 것들에 대해 아이에게 설명하고 싶지 않아요. 항상 피부를 의식하는 건 사람을 정말 지치게 하거든요. 전투적이 되거나 패배적이 되거나, 둘 중 하나죠. 왜 그런 일이 일어나는지는 이해하지만, 극단적인 건 뭐든 좋지 않아요."

_가나 아크라

"저는 이 아이와 다른 세상 사이의 연결고리예요. 그건 아주 고단한 역할일 수 있어요. 일이 잘 풀릴 때면 더 큰 책임감이 느껴지죠. 아이가 초등학교를 졸업했을 때, 사람들이 우리 둘 다에게 박수를 쳐주는 것 같았어요. 하지만 일이 잘못될 때 역시 책임감을 크게 느껴요. 이 아이는 사람이 많은 곳을 힘들어 해요. 몇 년 전에는 슈퍼마켓에서 아이가 너무 불안해져서 어린 여자애를 밀쳐버렸죠. 그 여자애 아버지가 엄청 화를 내면서 제게 호통을 치더군요. 한편으론 죄책감을 느꼈죠. 그러나 다른 한편으론 제가 겪는 일을 이해받고 싶었습니다. 그 사건 이후로 우리는 슈퍼마켓에 가본 적이 없어요. 제게 가장 좋은 순간은 아이가 저 없이도 세상과 연결될 때입니다. 지난 목요일에는 다운증후군이 있는 다른 여자애를 만나러 갔어요. 그날 그 애 기분이 별로여서 의사소통이 거의 이뤄지지 않았어요. 그래서 저희 아이는 여자애에게 도미노 상자를 선물로 주려 했어요. 하지만 그 애는 거절했죠. 아이가 다시 시도했어요. 역시 거절하더군요. 이렇게 한동안 둘이서 왔다 갔다 하더니, 여자애가 이걸 게임으로 여기기 시작하고는 미소를 지었어요. 그러자 아이가 그 여자애를 가만히 안아줬어요. 감정이 담긴 진짜 포옹이었죠. 아이가 연결을 만들어낸 거예요. 내 생각이 아니라, 자기 생각으로 말이에요."

_아르헨티나 로사리오

"외부에서 우리를 보는 사람들은 아이의 장애가 가장 힘들 거라고 생각하죠. 아닙니다. 가장 힘든 건 서로의 사랑이 식었다는 거였죠. 타티아나가 태어났을 때 전 독립심을 많이 잃어버렸어요. 우울증에 빠졌죠. 그이는 일을 과하게 하고 있었고 우리는 점차 멀어져갔습니다. 그이를 다시 사랑할 수 있게 되리라곤 생각지도 않았어요. 2년 전 어느 날 밤에 저는 기도했어요. '하나님, 당신은 제게 많은 걸 해주셨습니다. 부디 한 번 더 기적을 내려주셔서 그이가 절 다시 사랑하게 해주세요.' 첫 번째 변화는 저에게서 왔어요. 그이는 항상 느긋한 쪽이었으니 제가 먼저 바뀌어야 했죠. 그이를 더 많이 신뢰하기 시작했습니다. 더 용서하고 더 이해하려고 했어요. 요리를 하고 집안도 정리했어요. 그러자 그이는 집에서 더 많은 시간을 보내기 시작했죠. 우리는 함께 있는 것을 즐기게 됐습니다. 병이나 아픈 것 말고 다른 것들에 대해 이야기를 나눴죠. 딱 지금처럼 외출을 함께하기 시작했어요. 그건 마치 가장 친하게 된 친구, 내 사랑이 된 친구를 갑자기 만난 것 같았습니다. 우리 삶이 다시 시작되었죠."

_브라질 상파울루

"남편과 저는 예술가예요. 그래서 시터나 도우미 같은 사치를 누릴 여력이 없어요. 아무도 얘를 밤샘 파티에 부르지 않고요. 그게 불만인 건 아니에요. 하지만 뭐, 쉬면 좋겠죠. 친구에게 언제라도 도와달라고 할 순 있었어요. 그렇지만 가끔 뭐가 필요한지 말로 표현할 힘조차 없을 때가 있잖아요. 어느 날 밤에는 얘가 수술을 받는 동안 저 혼자 병원에 있었어요. 극도로 스트레스를 받았죠. 남편은 다른 애들을 보느라 집에 갔고요. 대기실에 집시 가족이 있더군요. 열아홉 명이었어요. 식당에는 더 많았죠. 그들 모두가 아픈 아이가 어떻게 됐는지 보려고 대기실에 있었던 거예요. 그 사람들이 공간을 차지하고 있었죠. 큰 소리로 이야기를 했어요. 가끔 그중 한 명이 농담을 하면 모두 웃곤 했어요. 병원 직원들은 아주 짜증난 것처럼 보였어요. 하지만 전 아주 부러웠던 기억이에요. 그런 무리 속에 속할 수 있다면 뭐든 다 줄 수 있을 거예요."

_스페인 바르셀로나

"나는 악와무 제국의 29대 왕입니다. 300년 전 우리는 가나 남부지역 전체를 통치했죠. 영국인들은 우리를 '불량배'라고 묘사했습니다. 덴마크인들은 우리를 '도둑'이라 묘사했죠. 오늘날 나는 120개 도시를 관할구역으로 두고 있습니다. 하지만 난 항상 왕이 되고 싶지 않았습니다. 그게 가능할 수도 있다는 걸 어릴 때 알았어요. 나는 왕족 혈통을 지니긴 했지만 그들이 그냥 다른 사람을 선택하길 바랐죠. 처음 왕으로 추대됐을 때 나는 대학에 있었습니다. 회계학을 배우고 있었어요. 왕이 돌아가셨고 내가 그다음이라는 소문을 들었습니다. 당황한 나는 '정치적 망명'을 검색했어요. 공항에 다른 사람의 여권을 가져갔는데 사진을 바꾸려 하지도 않았죠. 이전엔 가나를 떠나본 적이 없었지만, 난 뉴욕까지 비행기를 탔어요. 편도였죠. JFK공항 세관 창구에 몸을 내밀며 말했어요. '날 도와야 합니다. 그들이 날 왕으로 만들려 하고 있어요.'"

"망명 허가를 받은 뒤, 브롱크스에 있는 사촌들 집으로 이사를 했습니다. 첫 번째 일자리는 요양시설의 주방에서 설거지를 하는 것이었죠. 2주마다 297달러를 받았어요. 그러다 개인 간병인이 훨씬 더 돈을 많이 받는다는 걸 알게 되어, 몇 가지 강좌에 등록해서 자격증을 받았습니다. 첫 번째 임무는 헥터라는 이름의 사지마비 환자였어요. 헥터와는 결국 6년을 함께 보냈죠. 그를 먹이고, 기저귀를 갈아주고, 욕실에 가는 것도 도와주고, 다 했어요. 정말 그를 좋아했습니다. 우리는 온갖 곳을 다 돌아다녔어요. 시카고와 캘리포니아로 차를 몰았죠. 밤 근무였는데 가끔 헥터를 클럽에 태워주기도 했어요. 그러면 헥터는 휠체어를 탄 채 춤을 추곤 했습니다. 나는 내내 바로 곁에 서 있었죠. 낮에는 리먼대학에서 수업을 들었습니다. 보건 서비스를 전공했어요. 졸업을 할 때쯤 다시 한 번 소문이 돌기 시작했습니다. 집으로 돌아와 적법한 지위로서 왕좌에 오르는 게 마땅하다며 가족들이 날 설득하려 했죠. 그래서 헥터에게 작별인사를 하고 가나로 돌아왔습니다. 2011년에 선왕이 돌아가시기 전까지는 사업을 했어요. 당시 원로들에게 왕위 요청을 받았을 때, 나는 이제 준비가 되어 있었습니다."

_가나 악와무피

"그녀에겐 주변에 다른 사람들이 필요했는데, 난 그걸 이해하지 못했어요. 우리 둘 속에 갇혀 있었죠. 러시아 작가 중에 이렇게 쓴 사람이 있어요. '나는 세상을 싫어했기에 당신을 더욱 사랑할 수 있었다오.' 내가 그랬어요. 오랜 친구들과 이야기 나누는 것도 그만뒀죠. 직장 사람들과도 더 이상 함께 시간을 보내지 않았어요. 그녀도 똑같이 해주길 바랐죠. 아마 질투 때문이었을 거예요. 그녀가 나보다 훨씬 어렸기 때문에 불안했죠. 내가 못되게 굴었다고 생각하진 않아요. 그냥 직장 회식에 가지 말라고 했을 뿐이에요. 그녀는 258일 전에 날 떠났어요. 해변에서 휴가를 보내고 막 돌아온 참이었고 모든 게 괜찮아 보였죠. 그냥 평소와 똑같았어요. 수영을 하고 와인을 마시고 카페에 갔죠. 그게 올 거라고는 생각도 못했어요. 어느 날 아침 주방에서 같이 커피를 마시고 있었는데 그녀가 말하더라고요. '더 이상 당신을 사랑하지 않아.' 그 뒤로 두 달 내내 보드카를 마셨어요. 살이 13킬로 빠졌죠. 이제야 상처가 아물기 시작하네요. 외로운 것에 익숙해지는 중이에요."

_러시아 모스크바

"전 개인적으로는 노숙자를 싫어하지 않아요. 하지만 그 사람들과 대화하는 건 피하려 하죠. 왜냐면 언젠가 내가 유력한 친구와 걸어갈 수 있는데, 노숙자가 와서 친구인 척할 수도 있잖아요. 어떻게 보이겠어요? 누구와 함께 보일지 선택해야 돼요. 그건 광학光學의 문제죠."

_미국 뉴욕

"스물아홉 살에 제임스를 만났어요. 첫눈에 반했다고 말하고 싶지 않지만, 제임스는 늘 그렇게 말했죠. 우린 공통점이 아주 많았어요. 둘 다 위탁가정에서 자랐죠. 6년간 함께 노숙을 했어요. 계단이나 텐트에 살았지만, 우리는 여전히 데이트를 계속 했어요. 공원에 가고 바닷가에 가고 영화도 보곤 했죠. 모두 그를 사랑했어요. 누구든 기꺼이 도와주는 그런 사람이었죠. 그리고 우린 유머 감각이 똑같았어요. 그런데 둘 다 약에 중독돼 있었죠. 제임스는 1월에 과다복용으로 죽었어요. 우리는 정말 크게 싸운 직후에 각자 길을 갔었는데, 그날 밤에 전화를 받았죠. 그때부터 난 길을 잃었어요. 나락 속으로 빠져들었죠. 약을 많이 했어요. 정말 우울했거든요. 몇 주 전에는 온타리오 호수로 그냥 걸어 들어갔어요. 죽고 싶다고 생각했는데 많이 기억나진 않아요. 헤엄치기 시작했고, 그러다 그냥 멈췄고, 아래로 가라앉을 때까지 떠다녔어요. 호숫가에서 깨어났어요. 사람들이 내 주변을 둘러싸고 있었죠. 저체온증 때문에 거의 죽을 뻔했어요. 어제 막 퇴원했어요. 내 인생을 되돌리려 노력 중이에요. 이 몸을 아직 떠나고 싶지 않아요. 죽기 무서워요. 삶을 살고 싶어요. 일하고 싶어요. 다시 예술로 돌아가고 싶어요. 하지만 아주 솔직하게는, 약에 취하지 않은 내 모습을 보고 싶진 않아요. 왜냐면 친구들이 전부 중독자거든요. 그리고 내 가족은 그 친구들뿐이에요."

_캐나다 토론토

"남편에 대해 잘 알았죠. 21년 동안 같이 살았으니까요. 그래서 무슨 일이 일어나고 있는지 너무 뻔했어요. 남편은 갑자기 기타를 치고 노래를 쓰기 시작했어요. 노래는 괜찮은데, 가사를 읽어보니 확실히 날 위해 쓴 게 아니더군요. 향수도 뿌리기 시작했어요. 전에 먹어보지도 않았던 음식을 좋아하기 시작했고요. 그러니 의심스러웠죠. 그러던 어느 날 밤, 남편이 울면서 집에 들어왔어요. '무슨 일이야? 누굴 죽이기라도 한 거야?' 남편이 말하길, 여자를 임신시켰다는 거예요. 그 여자가 갓 아기를 낳았는데, 키우고 싶어 하지 않는다고요. 그러더니 나보고 그 아기를 키울 수 있겠냐는 거예요! '그래, 나한테 데려와' 그랬죠. 공원에서 그 여자를 만나기로 했고, 여자가 제게 아기를 건넸어요. 겨우 3일 전에 태어난 남자아기였어요. 그 아기를 안은 순간, 내 아들이라는 느낌이 들었어요. 몇 달 뒤, 남편을 내쫓았어요. 하지만 아기는 지켰죠. 그 아기가 이제 열여섯 살이에요."

_페루 리마

"엄마가 낮잠 자는 동안 동생들을 봐줘야 해요.
얘네들은 서로 너무 가까워지면 싸워요. 너무
멀어지면 울고요."

_이란 안잘리

"아내는 동물을 계속 집에 데려와요. 제가 밖에서 일하는 동안 아내는 새로운 동물을 찾아내죠. 제가 집에 돌아올 때쯤엔 우리 아이들이 벌써 동물 이름을 지어준 뒤예요. 제가 뭘 할 수 있겠어요. 처음엔 새 한 마리였어요. 그러다 그 새가 '외로워'졌죠. 그래서 지금은 새가 네 마리예요. 햄스터 열한 마리, 토끼, 그리고 물고기까지. 아내는 이제 강아지 사진을 문자로 보내와요. 동물을 더 들이기엔 집이 너무 좁다고 얘기도 해봤죠. 그러면 아내는 '집은 작지만 우리 마음은 크잖아'라고 하죠."

_우루과이 몬테비데오

"커서 엄마처럼 되고 싶어요. 전 엄마를 좋아하거든요. 근데 엄마처럼 되려면 시간이 엄청 오래 걸릴 거예요. 왜냐면 제가 다섯 살이 되는 것도 너무 오래 걸렸거든요. 여섯 살이 되려면 더 오래 걸릴 거고요. 엄마도 분명 다 크기까지 진짜 오래 걸렸을 거예요."

_브라질 상파울루

"젊었을 때는 시위란 시위에 다 나갔어요. 조그만 노란색 폭스바겐에 평화를 나타내는 스티커를 붙이고 다녔죠. 1970년대에 켄트주에 뭔가를 항의하려고 롱아일랜드 고속도로에 드러누웠던 기억이 나요. 알아요, 미쳤지. 그렇지만 우린 그렇게 하면 전쟁을 끝낼 수 있을 거라 생각했거든요. 어떤 면에선 정말 그랬을 거예요. 한번은 워싱턴에서 열린 시위에서 체포됐어요. 우리가 뭘 항의했는지 기억도 안 나네요. 우리 숫자가 너무 많아서 걔들이 우릴 RFK 경기장으로 이동시켰어요. 시위하던 군중들이 기억나는군요. 주위를 둘러보면 모두 나와 의견이 일치하는 사람들이었죠. 95번 고속도로에서 버스 수백만 대가 같은 곳으로 향하고 있었어요. 그게 정말로 세상이 바뀌고 있다고 생각하게 만들었어요. 하지만 난 거품 속에 살고 있었던 거였어요. 친구들은 다들 유대인에 중산층이고 교육을 받았어요. 심지어 난 총을 가진 사람을 단 한 명도 알지 못했죠. 모두가 평화와 더 좋은 환경을 원한다고, 아무도 누군가를 싫어하지 않는다고 믿었어요. 그러다 닉슨이 남부 전략을 이용해서 당선됐어요. 그는 너무나 과하게 증오와 인종주의를 부추겼죠. 난 깨달았어요. '세상에, 사람들이 엉망진창이군.' 그러다 우리 세대가 결혼하고 애들을 낳기 시작했고, 세상에 대해선 신경을 덜 쓰게 됐죠. 나도 마찬가지예요, 아마도. 정말 어쩔 수 없어요. 여러분은 좀 더 자기 위주가 돼야 해요. 여러분은 세상에 쓸 수 있는 에너지가 너무 많을 뿐이에요."

_미국 뉴욕

"예전에 알던 여성 그룹이 있는데, 그 친구들과 최근에 다시 연결이 됐어요. 공동체 의식을 다시 갖게 돼서 정말 좋더군요. 우리는 1970년대에 적극적으로 활동했는데, 반인종차별주의, 반핵, 페미니즘 운동 같은 걸 했죠. 현수막을 들고 모든 것에 열정적으로 참여했습니다. 아쉽게도 결국 서서히 멀어졌지만, 최근 들어 우리 삶이 다시 엮이게 됐어요. 소그룹을 만들었거든요. '꼴사납게' 나이 드는 게 우리 임무예요. 사람들 머릿속에 있는 나이 든 여성에 대한 고정관념을 깨뜨리려 해요. 매주 대화의 주제가 있어요. 행사를 조직하기 위한 사업위원회도 있고요. 하지만 우리는 주로 그냥 많이 웃고 재밌게 지내요. 안타깝게도 그룹 이름은 말씀 못 드리겠네요, 당신이 남자라서요. 말씀드리려면 다수결 투표를 해야 한답니다."

_뉴질랜드 오클랜드

"여기 이사 왔을 때 아는 사람이 없었어요. 제가 멕시코에서 왔거든요. 아주 순진했죠. 첫 직장으로 웨이트리스 일을 막 시작한 참이었어요. 인터넷에 '좋은 환경을 공유하실 진지하고 깔끔한 분을 찾습니다'라고 광고를 올렸죠. 한 공대생이 처음으로 회신을 보내왔어요. 약속을 잡았는데, 그 공대생이 마치 취직 면접을 보는 것처럼 하고 나타났어요. 남자였는데 말끔히 차려 입었죠. 아주 깔끔하게요. 아주 예의바르고요. '요즘 박사 학위를 따려고 집중하고 있어요'라고 하더군요. '아마 제가 있는지조차 알아차리지 못할 거예요.' 그래서 그 사람을 선택했어요. 첫 번째 주는 괜찮았죠. 둘째 주에 그가 한 여자를 데려왔어요. 셋째 주엔 여자 두 명을 데려왔는데 밤새도록 샤워를 하더라고요. 짜증나기 시작했지만 괜찮아지기를 바랐죠. 그러다 그다음 주에 야간근무였는데, 어느 날 밤 집에 들어왔더니 음악을 시끄럽게 틀어놨더라고요. 친구들을 몇 명 불렀나 보다 생각했어요. 곧바로 방에 가서 잠옷으로 갈아입었죠. 자기 전에 가볍게 간식이나 먹으려고 주방에 갔는데, 조리대 여기저기 하얀 가루가 있는 걸 발견했어요. 그걸로 줄을 세워놨더라고요. 자연스레 제가 그걸 치웠죠. 그때 사람들이 저에게 소리치는 걸 들었어요. 돌아섰더니 스무 명의 사람들이 거실에 있는 거예요. 옷 입은 사람이 아무도 없었어요. 흰색, 분홍색, 검은색, 갈색으로 된 거대한 난장판이었죠. 다양한 피부. 다양한 털. 키스도 하고 만지기도 하고 신음 소리가 엄청났어요. 전 그렇게 벌거벗은 사람들을 본 적이 전혀 없었죠. 가톨릭 여학교를 나왔거든요. 룸메이트가 걸어오더니 제 손을 잡으려 하면서 '같이 해요'라고 하더군요. 전 문 밖으로 뛰쳐나가 계단을 내려가서 잠옷 바람으로 거리를 막 뛰어갔어요."

_스페인 바르셀로나

"우리 엄마는 내가 임신했다고 열일곱 살 때 집에서 날 내쫓았어. 옷을 챙겨 가려 했더니 날 체포시켰지. 엄마는 날 계속 감옥에 가둬 놓으려고 가석방 책임자한테 수작을 부렸어. 그때 당시에 엄마는 뭔가 제일 윗대가리년이었거든. 그런데 교도소장이 내게 몇 가지 테스트를 하더니 내가 똑똑하단 걸 알아냈어. 그래서 난 뉴욕 어디든 갈 수 있는 장학금을 받았지. 패션기술대학교를 선택했어. 거길 싫어하게 됐지만, 그때쯤엔 난 이미 타임스퀘어에서 스트리퍼와 포르노 배우용 의상을 만들고 있었지. 내 친구들은 다 게이였어. 왜냐면 걔들은 날 평가하지 않았거든. 난 게이 바에서만 일했어. 드래그 퀸 콘테스트, 크리스코 디스코,* 그곳의 모든 장면들을 사랑했지. 그런데 코스튬 의상을 충분히 얻을 수는 없었어. 내 친구 패리스는 바에 앉아 있다가 버그도르프, 로드앤드테일러 백화점 같은 데서 훔친 옷을 팔곤 했어. 센서태그를 달기 전 얘기지. 그래서 내 옷장은 최고였어. 밍크코트에, 12센티 하이힐에, 뒷솔기 스타킹도 있었다니까. 자기야, 내가 드랙퀸 같아 보일 정도였어. 어느 날 밤엔 유대교 하시드파 랍비가 날 데려가려고 했어. 내가 트랜스젠더인 줄 알았나봐. '어머, 난 진짜 아가씨라고!'"

* 뉴욕시에 있는 디스코텍. LGBT 문화사에 중요하다.

"내 스트리퍼 이름은 '탱커레이'였어. 1970년대 당시에 난 유일하게 백인 여자들만큼 돈을 버는 흑인 여자였지. 마피아 클럽들을 많이 다니면서 춤을 추느라 이탈리아어도 배웠어. 이런 클럽 중엔 흑인 여자는 아예 출입금지인 곳도 있었어. 새끼손가락에 반지를 끼고 코카인에 쓰는 손톱 하나만 길게 기른 귀도*들뿐이었지. 영화 〈토요일 밤의 열기〉를 찍은 곳에서 20분 내내 공연한 적도 있었어. 근데 진짜 돈은 길바닥에서 벌었어. 몇 번 여행하고 오면 3천 달러야. 포트 딕스**의 월급날만 되면 날 불러들여서 '미스 블랙 유니버스'나 뭐 그딴 식으로 부르면서 볼거리로 삼곤 했어. 나한테 트릭 하나가 있었는데, 젖꼭지에 아기들 젖병 뚜껑을 씌우고 진짜 우유를 뿌리는 거였어. 그런 다음에 내 팬티에서 체리를 꺼내 앞줄에 있는 놈한테 먹이곤 했지. 하지만 난 무대에서 딜도나 뭐 그따위 건 절대 안 썼어. 절대 에이전트랑 안 잤고, 절대 고객과도 안 했어. 어느 날 밤엔 쇼를 마치고 다른 댄서들이 팁을 제일 후하게 주는 손님과 몰래 테이트 호텔로 가는 걸 붙잡은 적은 있어. 절대 허락 안 했지. 그 다음날 밤에 그 여자 팬티에 근지러워지는 가루를 좀 넣었어. 근데 세상에, 걔가 그날 밤에 그걸 입은 거야. 다시는 걔 못 봤지. 그러다 버트 레이놀즈가 나오는 〈터치 다운The Longest Yard〉이란 영화에서 봤어. 결국 제대로 된 놈이랑 잤던 모양이야."

* 이탈리아계 미국인 남성을 가리키는 속어.
** 뉴저지에 있는 미군 육군 시설.

"예전엔 그 바닥이 달랐어. 성인 클럽을 전부 마피아가 장악했지. 모든 게 매티 더 호스Matty The Horse라는 두목에게 흘러갔어. 솔직히 마피아 놈들은 절대 날 괴롭히지 않았어. 걔들은 멋쟁이였고, 난 걔들 옷 입는 게 좋았어. 맞춤 양복을 입었거든. 이발사가 아니라 미용사에게 갔다고. 이놈들은 떡을 칠 때도 머리카락은 절대 못 건드리게 했대. 내가 걔네랑 붙어먹은 적은 없지만 말이야. 왜냐면 난 절대 돈 받고 몸을 팔지 않았으니까. 음, 딱 한 번만 빼고. 마담 블랑쉬라는 여자한테 일을 받은 적이 있었어. 당시 그 여자가 고급 매춘부를 관리했거든. 그 여자는 인터넷 같았어. 뭐든 원하는 걸 얻을 수 있었단 말이지. 입이 무거우니까 그 여자에게 온갖 권력자들이 왔어. 마담 블랑쉬가 하녀 옷을 입은 흑인 여자를 원하는 백화점 거물에게 날 소개시켜줬어. 난 할 수 있을 줄 알았지. 근데 호텔방에 들어갔을 때, 그 사람이 날 진짜 벨트로 때리고 싶어 하는 거야. 거기까지였어. 그걸로 끝이었지. 마담 블랑쉬는 대통령이 뉴욕에 올 때마다 내 친구 비키를 만나게 해주기도 했어. 나 변호사 살 돈 없으니까 그 남자 이름은 적을 생각도 하지 마. 그가 비키를 데려오려고 차를 보내고, 호텔방에 불러서는 문 앞에 비밀 요원을 세워두곤 했어. 그래서 그 대통령이란 사람이 한 일이 뭐였냐면, 비키의 거시기를 핥는 것뿐이었지!"

_미국 뉴욕

"전 진짜 너무 순진했어요. 가족이 인생의 전부였죠. 열일곱에 결혼을 했어요. 필요한 건 전부 남편이 갖다 줘서 전 거의 집 밖으로 나가지 않았죠. 그래서 아무것도 몰랐는데 그런 저를 세상이 가르치더군요. 15년 전에 남편이 죽는 바람에 제가 가장이 됐어요. 남편은 실내 장식 가게를 운영했어요. 직원들은 자기들이 운영을 맡겠다고 절 설득하려 했지만, 가게 이익에 대해선 숨기려 했습니다. 내가 맡을 수밖에 없었어요. 다른 선택지가 없었죠. 그 돈은 아직 학교를 다니고 있는 우리 애들 거였으니까요. 저는 매일 가게에 나가기 시작했어요. 처음에는 직원들이 절 내보내려 하더군요. 내가 사업이 어떻게 돌아가는지 잘 모른다는 것을 눈치 채고 아무것도 설명해주지 않았죠. 숫자들을 제게서 숨겼어요. 가게에 들어오는 고객들에게 절 주인이라고 소개하지도 않았어요. 하지만 전 거기 앉아서 그들이 하는 모든 행동을 지켜봤죠. 모든 걸 기억했어요. 40일 뒤, 가게에 새로운 규칙이 생겼습니다. 이제 직원들은 고객과 직접 이야기하는 게 금지되었죠."

_이집트 카이로

"맨 처음 공원에 오기 시작한 건 열세 살 때였어요. 여자애가 나뿐이었죠. 위협적이었어요. 사람들이 날 도발하면서 '변녀'라고 놀리곤 했죠. 걔네들은 내가 보드를 탈 때 꼭 내 앞에서 알짱거렸어요. 그래서 학교가 끝나자마자 바로 오기 시작했어요. 해가 쨍쨍할 때, 이곳이 텅 비어 있을 때요. 난 웬만한 애들보다 더 잘 타게 됐어요. 예선전에서 걔네들을 꺾기 시작했죠. 이제는 남자애들이 나를 리스펙트할 정도예요. 많은 여자애들이 겁이 나서 보트를 직접 타지는 않고 구석에서 지켜보기만 했었거든요. 그런데 지금은 내가 여기 매일 나와서 그런지, 어떤 애들은 용기 내서 타보기도 하더라고요."

_브라질 리우데자네이루

"브라질에서 저는 상임 커머셜 애널리스트로 일했어요. IT 부서에서 시작해 12년간 열심히 사다리를 타고 올라갔죠. 결국에는 일정 범위의 예산 집행 권한까지 가지게 됐어요. 회사 대표나 사장들과 미팅을 했고요. 확실히 자리를 잡았단 느낌이 들었죠. 마음만 먹으면 뭐든 할 수 있을 것 같았습니다. 그런데 올해 초, 새로운 부서장이 절 해고하지 뭐예요. 자기 사람을 데려오기 위해서였죠. 정말 기분 더럽더군요. 전 12년 동안 회사를 위해 최선을 다해왔어요. 바닥에서부터 올라왔기 때문에 학위도 없었어요. 다른 직업을 찾을 수도 없었죠. 하지만 어쩌면 지금이 기회를 잡을 때라고 마음을 다잡게 됐습니다. 내 인생에서 정말 원하는 걸 하자. 그래서 뉴질랜드에 영어를 배우러 왔죠. 언젠가는 국제 무역학을 전공하고 싶어요. 지금은 이보 전진을 위해 일보 후퇴 중입니다. 창고에서 일하고 있어요. 하루 종일 상자를 나르고 팔레트를 포장하죠. 주인이 중국인이 아니었다면 거기 다닐 수 없었을 거예요. 그분은 내 이름을 못 알아들었고, 심지어 나를 남자로 착각하더라고요. 면접을 보러 갔을 때 그냥 되돌려 보내려고 했죠. 내가 하기엔 너무 힘든 일이라나요? 내가 뭐든 할 수 있다고 하니까, 나를 창고로 가만히 데려가더니 20킬로그램짜리 상자를 건넸어요. 간신히 버텼죠. 정말 무거웠어요. 하지만 저는 처음부터 끝까지 웃음을 거두지 않았어요."

_뉴질랜드 오클랜드

"코카콜라 사내변호사였습니다. 일주일에 80시간 일했어요. 그러다 하루는 상사에게 금요일 하루 휴가를 내고 싶다고 했는데, 안 된다고 하더라고요. 그래서 강아지를 동생에게 맡겨두고 곧장 유럽으로 날아갔습니다. 10년 전 일이에요. 완전 엄청 굉장했죠."

_스페인 바르셀로나

"저는 늘 환경이 위기라는 걸 알고 있었어요. 아빠가 호랑이 보존에 관한 커다란 책을 사주셨거든요. 하지만 1학년에 들어가기 전까지는 환경주의자라고 할 수 없었어요. 다만 그때는 환경을 도울 수 있는 여러 흥미로운 방법을 떠올리고 그랬죠. 뭘 할 수 있냐면, 쓰레기 줄이기, 더 자주 카풀하기, 환경 위기 알리기, 나무 심기, 나무 자르지 않기, 탄소 배출 줄이기, 핵폐기물 감소시키기 같은 거요. 핵폐기물의 경우에는 전 아직 너무 어려서 못 해요. 위험하고, 또 저한테는 적당한 장갑도 없거든요. 대신 전 재활용을 하고 베란다에 식물을 키워요."

_인도 뭄바이

"1학년이 되고 나서 제일 어려운 게 뭐냐면
'11 더하기 11'이에요. 우리 반 애들 거의 다
그게 뭔지 몰라요."

_미국 뉴욕

"아이가 이제 좀 혼자 하는 것도 생기긴 했지만, 아직까지도 꽤나 끊임없고 반복적이에요. 그 많은 기저귀를 갈고, 먹이고, 계속 재미없는 일이 반복되죠. 정말 지치고 나 자신을 잃는 것 같아요. 이제 애 아빠가 집에 있고 나는 직장에 다시 나가려고 해요. 응급실에서 의사로 근무하는데, 거기선 내가 세상에서 제일 유능한 사람인 것만 같아요. 복귀해서 좋습니다. 육아를 좋아하는 사람이 있다면, 아주 운 좋은 사람인 거예요. 물론 멋진 순간이야 있죠. 하지만 모성이 세상에서 가장 중요하다고 믿으려면, 아이가 세상에서 제일 중요한 사람이라고 믿어야만 하는걸요."

_이탈리아 로마

"딸아이가 자라서 누군가에게 의존하지 않았으면 좋겠어요. 전 애초부터 의존적이었죠. 열여덟 살이 될 때까지 거의 집에만 있었어요. 학교와 집을 걸어서 오갈 뿐이었고, 그때조차 오빠와 함께였죠. 바깥세상과 어떻게 마주해야 할지 몰랐어요. 심지어 자전거 타는 것도 배운 적이 없어요. 이 아이는 다를 겁니다. 남편에게 말했어요. '얘가 뭘 하고 싶어 하든지, 내가 지원해줄 거예요.' 이미 아이가 탈 자전거를 샀어요. 좀 더 크면 아이에게 타는 법을 가르쳐 줄 거예요."

_인도 자이푸르

"집 밖으로 나오기까지 오랜 시간이 걸렸습니다. 엄마는 바깥세상을 두려워하셨어요. 초등학교 때 겨우 2분 거리였는데도 절 바래다주곤 하셨죠. 중학교도 마찬가지였고요. 제가 처음 아르바이트를 할 때는 엄마가 하루 종일 주차장에 앉아 있었어요. 엄마는 집에서 가장 편안해 하세요. 요리하고, 청소하고, 우리를 돌보고 하는 게 낙이죠. 내가 왜 그렇게 따분해서 가만히 못 있는지 전혀 이해하지 못하신다니까요. 전 친구랑 외출하는 것도 허락받은 적이 없어요. 쇼핑몰도 금지였죠. 그래서 제가 소심한 사람이 된 것 아닐까요? 학교에서 항상 전 '그냥 거기' 있는 학생이었습니다. 교실 뒷자리에 앉곤 했어요. 질문에도 답해본 적이 없고요. 한번은 어떤 선생님이 저보고 언제 수업에 들어왔냐고 물으셨는데, 사실 그 수업에 2년이나 나갔었어요. 하지만 전 공부가 늘 좋았어요. 선생님이 되고 싶었죠. 불행히도 내겐 용기가 전혀 없었고, 내가 교실 앞에 서는 걸 생각도 못했어요. 아이들을 과연 통제할 수 있을까 싶었죠. 그래서 줄곧 포기했고, 두 차례나 시험에서 떨어졌어요. 하지만 친구들이 계속 격려해준 덕분에 마침내 7월에 자격증을 땄습니다. 그때부터 면접을 아홉 번이나 봤어요. 벌써 세 군데에서 실습을 했죠. 그중 두 곳은 가톨릭 학교인데 특히 걱정이 되더라고요. 제가 무슬림인 것이 너무나 확연하게 보이잖아요. 하지만 그곳 학생들은 훌륭했어요. 선생님들도 마찬가지였고요. 이제 저는 정말 많이 성장했습니다. 물러서지 않아요. 새로운 곳에 갈 때마다 여전히 긴장되긴 하지만, 그래도 더 이상 흔들리지 않아요. 하루 빨리 채용이 됐으면 좋겠어요. 첫 월급을 받자마자 엄마를 쇼핑몰에 데려갈 거예요."

_영국 런던

"엄마 주려고 음료수 사러 가는 길이에요. 저는 물도 길어오고, 바닥도 쓸고, 엄마를 거들어서 빨래도 해요. 제가 너무 열심히 일한다고 엄마는 절 '사장님'이라고 불러요. 전 엄마를 도와주는 게 좋아요. 왜냐면 절 많이 아껴주시거든요. 엄마는 옷을 사 줘요. 이야기책을 읽어주고요. 찬송가도 불러주세요. 숙제도 도와주고 아플 때는 약도 줘요. 한 번은 엄마가 제 친구에게 케이크를 만들어줬는데, 왜냐면 걔 부모님은 뭐라도 선물을 사줄 돈이 없었거든요. 저는 이다음에 엄마한테 집을 한 채 사드릴 거예요. 우리 엄마는 정말 멋진 사람이에요. 아주 까맣고 예뻐요."

_가나 아크라

커서 뭐가 되고 싶어요?
"어른 그네 타는 사람요."

_이탈리아 로마

"몇 달 전에 엄마가 돌아가셨어요. 제가 일고여덟 살 때까진 훌륭한 엄마였죠. 저랑 아주 친했어요. 함께 도서관도 다녔고, 엄마는 제가 묻는 건 뭐든 답해주셨어요. 같이 놀 수 있는 게임도 만들어냈죠. 항상 뭔가 배우도록 엄마가 저를 격려해준 덕분에, 유치원 시절에는 다른 아이들보다 앞서 나갔죠. 그런데 엄마는 제가 아홉 살, 열 살 무렵에 변해버렸어요. 행복을 내팽개치고 제정신이 아니었죠. 모든 것이 엄마를 괴롭히는 것처럼 보였어요. 전 무슨 일이 일어나고 있는지 이해하기엔 너무 어린 나이라, 그럴듯한 이유만 혼자서 계속 생각해냈어요. 사람이란 원래 다양한 기분이 드는 법이라고, 모든 건 정상이라고 말이에요. 그러다 하루는 책을 읽고 있는데 엄마가 다가오더니 욕을 하기 시작했어요. 이 멍청아, 병신아, 그런 식이었죠. 아무 이유도 없이요. 전 성적이 좋았거든요. 학교생활에도 아무 문제가 없었어요. 그날 전 엄마를 이해할 만한 이유를 찾아낼 수가 없었어요. 결국 알코올중독이 우리를 완전히 갈라놓았어요. 엄마는 스스로의 그림자가 되어버렸죠. 그리고 엄마의 음주는 정말이지 저를 망쳐버렸어요. 다른 아이들도 그걸 느낄 수 있었고, 뭔가 문제가 생겼다는 걸 알고 저를 떠나갔어요. 저는 내향적인 사람이 되었습니다. 마지막에 가서는 엄마와 몇 달에 한 번씩만 대화했어요. 근데 엄마가 제 걱정을 완전히 멈춘 적은 없었어요. 술에 절어 있는 상황에서도 내 삶에 대해 묻곤 했죠. 짜증났어요. 전 그게 싫었지만 엄마는 계속 물어보더라고요. 지금에 와서 '엄마를 위해 뭔가 좀 더 해볼 수는 없었을까' 하고 자문해보지만, 이미 엄마는 수없이 재활원에 다녀왔었는걸요. 그저 엄마가 이제 더 이상 고통스럽지 않겠거니 혼자 중얼거릴 뿐이에요. 가장 멋진 모습으로 엄마를 기억하려고 해요. 어릴 적 내가 알던 그 좋은 엄마로 말이에요."

_폴란드 바르샤바

"새해 전날 밤이었어요. 저랑 제 아들이 공사장에서 자고 있는데, 이 사람이 우리 둘을 발견했어요. 그때 저는 남편에게 버림받고 길거리로 쫓겨났었거든요. 이 사람이 그러더라고요. '이렇게 살면 안 돼요. 우리 집에 같이 갑시다.' 그 후 몇 달 동안 우리를 함께 살도록 해줬어요. 아무것도 요구하지 않으면서요. 또 아들에게는 어찌나 잘 대해주는지. 어떤 때는 집에 오면 이 사람이 제 아들에게 목말을 태워주고 있더라고요. 몇 달 뒤, 우리는 서로 사랑하는 감정을 갖게 되었죠."

_베트남 호치민/사이공

"아내는 늘 '공감'의 방식으로 반응합니다. 공감을 통해 분노와 마주하고, 공감을 통해 증오와 마주하는 식이죠. 아내는 누군가를 대할 때 그 사람에게 대여섯 살 무렵 어떤 일이 일어났는지 상상해보는 시간을 가져요. 또 아내는 나 역시 더 공감 잘 하는 사람이 되게 했습니다. 사실 전 아버지와 관계가 많이 어긋났었어요. 그런데 아버지가 돌아가시기 전에, 아내는 내가 기억하고 싶어 하지 않았던 것들을 생각해내도록 해주었죠. 좋았던 시절을 기억나게 했어요."

_미국 뉴욕

"막내아들을 제일 사랑했지. 다른 자식들이 질투할 정도였어. 막내는 아주 어릴 때, 내가 출근하려고 하면 창문을 열어서 날 부르곤 했어. 사무실에 도착해선 서류가방에 든 걔 장난감을 발견하곤 했지. 막내가 다 클 때까지 우린 계속 잘 지냈어. 걘 항상 내게 안부 전화를 하고, 늘 점심을 같이 먹자고 했지. 근데 어느 날 은행에 갔더니 계좌에 돈이 많이 비어 있더라고. 그동안 막내가 몰래 빼내가고 있었던 거야. 내 서명을 위조했더군. 나랑 마주한 자리에서 걔가 무릎을 꿇고 용서해달라고 빌었어. 그때 전화가 오기 시작했지. 빚쟁이들이 걜 죽이겠다고 협박하더라고. 나는 슬럼가로 그 고리대금업 하는 놈들을 찾아가서 빚을 갚아줬어. 이자까지 붙여서 싹 갚았지. 예전에 난 좋은 옷을 입고 다녔어. 괜찮은 아파트도 있었지. 지금은 연금 빼면 남은 게 없어. 갖고 있던 걸 싹 팔았고, 이제는 막내를 피하는 중이야. 물론 밤에 자러 갈 때면 걔가 어떻게 지내는지 궁금하긴 해. 안전한지 어떤지…. 하지만 걜 만날 순 없어. 만나게 되면 내가 다시 도와주고 싶어질 테니까."

_브라질 리우데자네이루

"여기 세 시간 동안이나 앉아 있었어요. 뭘 어떻게 해야 하나 고민 중이죠. 나는 꼭 판매를 해내야 해요. 일주일 뒤에 집세를 내야 하는데 돈이 없거든요. 얼마 전에 대출 받은 돈을 벌써 못 갚고 있어요. 오늘 판촉 전화를 두 번 돌렸는데 다 엉망이었죠. 돈 벌려고 나쁜 짓을 하진 않겠지만, 누가 알겠어요. 집에 가기가 꺼려져요. 애들이 어리고 항상 저와 같이 있고 싶어 하지만 너무 스트레스를 받아요. 그래서 잘 참질 못하고 걸핏하면 화를 내죠. 이번 주말에 처남 집에 갔었는데 처남이 저보다 훨씬 잘하더라고요. 그 집 애들은 장난감도 엄청 많아요. 우리 아들이 자꾸 사촌이 갖고 있던 장난감 트럭을 사달라고 졸라요. 그 바보 같은 쪼끄만 트럭이 뭐가 좋은지. 당연히 전 애한테 안 된다고 소리를 쳤죠. 그때 제 주머니에는 집에 돌아갈 돈밖에 없었거든요."

_페루 리마

"엄마한테 학교 빠진 걸 들켰어요. 하루는 집에 갔더니 엄마가 방에 가보라고 하더군요. 내 걸 뭔가 사놓았다면서요. 그런데, 내 방 물건들이 전부 없어졌더라고요. TV가 없어졌고, 케이블도 사라졌고, 게임기도 보이지 않았어요. 르브론, 조던, 코비 농구화들도 어딘가로 치워졌죠. 리복 한 켤레 남겨놓은 게 전부였어요."

_미국 뉴욕

"우리 아빠는 내가 바라는 건 뭐든지 다 해요."

_프랑스 파리

"딸을 키우려 그저 노력할 뿐이죠.
남녀 차별적인 세상이지만."

_브라질 리우데자네이루

"이이랑은 집수리를 하는 동안 만났어요. 전남편과 제가 살던 집이었죠. 전남편은 집수리에 별 관심이 없었어요. 뭐든 이이랑 하라고만 했죠. '하워드랑 가서 창문을 골라봐', '하워드랑 가서 문을 골라봐.' 음, 저는 하워드와 정말 잘 지냈고, 결국 전남편이 그러더군요. '그냥 하워드랑 가봐.'"

_미국 뉴욕

"처음 만났을 때 남자친구는 무슨 짓이라도 다 할 것 같았어요. 우리는 새벽 네 시까지 얘기를 나누곤 했죠. 그 사람은 나와 함께할 수 있다면 죽을 수도 있다고 했어요. 하지만 내가 그에게 빠져들고 있다는 걸 눈치 채더니 갑자기 차가워졌어요. 내게 욕까지 했죠. 싸울 때마다 며칠씩 잠수를 탔고요. 그러더니 딴 여자들과 어울리기 시작하더라고요. 그냥 친구 사이일 뿐이라고 둘러대더군요. 난 괴로웠어요. 게다가 내게 절대 청혼하지 않았어요. 당시 부모님이 나를 결혼시키고 싶어 하셔서 남자친구에게 그렇게 해달라고 했어요. 하지만 그는 그냥 내가 우는 걸 들어주기만 했죠. 단 한 마디도 해주지 않았어요. 그즈음 나는 어린 시절의 오래된 짝사랑과 다시 이어지게 됐어요. 이 새로운 남자는 내게 아주 잘 대해줬어요. 심지어 자기가 진지하다는 걸 보여주려고 저희 부모님을 만나러 오기도 했죠. 그런데 남자친구가 제 페이스북에 들어와서 우리가 결혼하는 걸 알게 된 거예요. 그 사람은 울면서 나보고 떠나지 말아달라고 애원했죠. 내가 다시 돌아오면 결혼하겠다고 하면서요. 그래서 나는 그렇게 했어요. 그런데 이제 와서 그 사람은 나를 용서할지 말지 아직 결정하지 못했다고 말하네요."

_방글라데시 다카

"1년 반 동안 사귀었어요. 정말 좋은 관계였는데 최근에 많이 변했어요. 내가 붙잡고 있는 쪽 같단 기분이 들어요. 내가 늘 전화하는 쪽이고 문자하는 쪽이죠. 우리는 매일 얘기를 나눴는데, 지금 그녀는 그 시늉조차 하지 않아요. 아마 그냥 숨 막히는 기분일지도 모르겠어요. 내가 떠나는지 안 떠나는지 시험 중일 수도 있어요. 저는 그녀가 뭘 원하는지 잘 파악이 안 되더라고요. 직접 물어보면 그녀는 절대 확실히 대답하지 않죠. 계속 '생각해볼게'라고만 할 뿐이에요. 그래서 난 항상 그녀에게 마지막 기회를 계속해서 주죠. 몇 번이고 거듭해서 말이에요. 저는 그냥 모든 걸 예전처럼 되돌리고 싶을 뿐이에요."

_콜롬비아 보고타

"열일곱에 첫 아이가 생겼어요. 아이 엄마는 약쟁이었어요. 힘든 상황이었죠. 저 혼자 애를 키우고 있었어요. 그러다가 트럭을 함께 털자는 제안을 받았어요. 이렇게 생각했죠. '딱 오늘 이것만 하고 끝내자.' 저는 망을 봤어요. 우린 도망치다가 경찰에 붙잡혔죠. 감옥은 말로 다 설명할 수도 없는 곳이었죠. 전 재판도 받기 전에 거기서 2년 반을 살았어요. 거기서 사람이 칼에 찔리는 걸 봤죠. 자기 목을 면도칼로 긋는 사람도 봤어요. 밤중엔 창가에 앉아 별을 바라보면서 이런 생각을 하곤 했어요. '동물조차 우리에 갇혀 지내는 건 좋아하지 않지.' 친구들은 모두 저를 잊었어요. 엄마만 면회를 오셨죠. 절대로 거기 돌아가지 않을 거예요. 지금 또다시 힘든 상황이긴 해요. 직장이 없거든요. 그래도 교회 분들이 먹을 걸 도와줘요. 전 여기 앉아서 사람들이 주차하는 걸 도와요. 사실 몇 푼 못 벌지만, 돈이 필요한 다른 사람한테 훔치느니 차라리 이 일이 나아요."

_브라질 상파울루

"여기선 안 될걸요"

지난 몇 년 동안 나는 40개 이상의 나라에서 이야기를 수집해왔다. 그러면서 100명이 훨씬 넘는 통역사들과 함께 일했다. 거의 어디를 가든 다양하게 변주되는 똑같은 말을 들었다. "여기선 당신 작업을 할 수 없을 거예요." 이런 말을 보통 새로운 도시에 처음 도착해 호텔 로비에서 통역사를 만났을 때 듣곤 했다. 대개 통역사는 상당히 긴장하고 있었다. 그들은 대부분 내 블로그의 팬이다. 아마 그들은 시간을 약간 들여 검색을 했을 것이고, 인터뷰가 얼마나 친밀하고 솔직할 수 있는지를 알게 되었을 것이다. 그들로서는 누군가 그런 식으로 인터뷰하는 데 동의할 거라고 상상하기 어려웠을 것이다(아예 낯선 사람이라면 더더욱). 그래서 내 기대를 약간 누그러뜨리고 싶어 한다. 그들은 내게 살짝 경고를 해둔다. "여기선 당신 방식이 잘 안 통할 것 같아요." 그러곤 이유를 덧붙일 것이다. "이 나라 사람들은 남에게 자기 얘기를 잘 안 해요", "여긴 너무 종교적이에요", "이곳 사람들은 너무 무례해요." 그러면 나는 항상 똑같이 답한다. "내 방식은 어디서나 통해요."

그러나 인정한다. 이번에는 그들이 옳았다고 걱정하게 되는 순간이 항상 있었다. 폐쇄적이고, 경험 나누기를 꺼리고, 완고한 사람들. 그런 이들의 나라에 내가 마침내 도착했구나 싶었다. 물론 나는 이런 두려움을 '휴먼스 오브 뉴욕'의 첫 해외여행에서 가장 절실히 느꼈다. 2012년 겨울이었는데, 나는 어떤 이유에서인지 곧장 깊이 뛰어들기로 하고 이란으로 향했다. 그전에는 통역사를 거쳐 인터뷰해본 적이 없었다. 뉴욕 바깥의 사람들에게 다가가본 경험 자체가 없었다. 당시에는 미국과 이란, 두 나라의 관계도 긴박했다. 핵 협상이 이루어지고 있었다. 모든 미국인 여행객은 정부가 지정한 '여행 가이드'와 함께 다녀야만 했다. 나는 가이드의 이름이 모하메드라는 것밖에 몰랐다. 그도 내 작업에 대해 아무것도 모를 터였다. 나는 일단 이란으로 가서 그에게 모든 걸 설명하기로 했다. 그곳 사람들에게 접근하기 위해선 그의 허락이 필요할 뿐만 아니라, 통역에도 그의 도움이 필요할 것이었다. 설령 모하메드가 사람들에게 다가가는 걸 허락한다 해도, 여전히 문제가 남았다. 그곳 사람들이 기꺼이 나와 대화를 할까? 의심스러워하는 건 아닐까? 미국인을 너무 불신할까? 아니면 그들 정부를 너무 무서워할까?

다행히도 이 두려움 중 어느 것도 실현되지 않았다. 모하메드는 젊고 자유주의적인 사람이었으며, 자기 나라를 세계에 소개하는 일을 돕게 되어 신이 났다. 그리고 낯선 사람들에게 접근하는 것은 뉴욕보다 테헤란에서 더 수월한 것으로 판명되었다. 대부분 사람들이 이 작업에 몹시 호기심을 나타냈고 열렬히 참여했다. 다만 여성들은 대개 남편의 허락 없이는 나와 대화할 수 없었는데, 이것이 때로 너무 답답했다. 이 점은 여전히 중동 지역을 여행할 때 나를 몹시 괴롭히는 문화 규범이다. 그러나 나는 대부분의 문화적 차이가 실제로는 내게 유리하다는 점을 발견했다. 방문객 환대를 신성시하는 무슬림 세계에서는 손님에 대한 친절이 의무로 여겨진다. 그래서 거의 모든 이들이 따뜻하고 인상이 좋았고, 거의 아무도 사진 찍히는 걸 거부하지 않았다.

불편한 순간들이 몇 번 있긴 했다. 이란의 극단적인 보수 블로그 몇몇은 내 작업에 대해 비판적인 글을 썼다. 그들은 내가 찍은 여자들 사진에 초점을 맞췄다. 그들은 그 작업을 비이슬람적이라고 했고, 이는 내 기억에 모하메드를 매우 긴장하게 만들었다. 그러나 전반적으로 이

시리즈는 큰 성공을 거두었다. 정부의 소셜미디어 금지 조치에도 불구하고, 이란에서 인기를 끌었다. 여행이 끝나갈 즈음에는 거리에서 사람들이 나를 알아보기 시작했다. 무엇보다 중요한 건, 작업이 내게 친숙하게 느껴졌다는 점이다. 페르시아어로 된 인터뷰였지만, 그럼에도 내게 친근한 느낌이 들었다. 낯익은 웃음이었다. 낯익은 눈물이었다. 익숙한 이야기였다. 첫 번째 해외여행은 내게 큰 자신감을 불어넣어주었다. 이란은 지리적으로나 문화적으로 뉴욕에서 멀리 떨어져 있었다. 그러니 만약 그곳에서 '휴먼스 오브 뉴욕'을 만들 수 있다면, 어디에서건 할 수 있을 것 같았다.

첫 여행 이후 몇 년 동안 나는 많은 나라를 여행했다. 주요 지역과 문화를 거의 모두 다루었다. 그러나 여전히 새로운 나라에 갈 때마다 조금씩 두려움이 되살아난다. 이번에는 다를까봐 걱정한다. "이번에는 그 경고들이 사실로 밝혀지고, '문화'가 나의 작업 과정보다 더 강력하다고 밝혀지면 어떡하지? 그간의 모든 경험과는 상관없이 어쩌면 이번에는 해냈다는 느낌을 받지 못할지도 몰라. 어쩌면 이번엔 나의 에너지가 반향을 일으키지 못할 거야. 내 질문들은 실패할 거야. 보이지 않는 전통과 관습의 거미줄이 나와 거리의 사람 사이에 있을 테고, 그게 물을 흐리겠지. 메울 수 없는 간극을 만들고, 연결될 수 없게 하겠지. 이번에야말로 정말 '여기서는 해내지 못할 거야'라고 할 때인 것 같아."

하지만 지금껏 그런 일은 일어나지 않았다. 아무리 언어가 달라도, 혹은 종교, 혹은 복장, 아니면 건물들이 달라도 말이다. 그 과정은 언제나 똑같이 느껴진다. 물론 세상엔 수많은 언어들이 있고, 그래서 똑같은 소리로 들리진 않는다. 하지만 똑같은 느낌이 든다. 지금까지 나는 전 세계 1만 명이 넘는 사람들에게 다가갔다. 대개 누군가 나를 올려다보는 순간, 나는 그가 승낙할지 말지를 알 수 있다. 그들이 말을 하기도 전에 안다. 왜냐하면 제일 중요한 것들은 모두 비언어적이기 때문이다. 거리에서 일어나는 모든 상호작용은 궁극적으로는 단지 에너지의 교환일 뿐이다. 그 사람이 당신의 따뜻함에 반응하는가? 혹은 그들이 수상쩍어 보이는가? 짜증나는가? 무서운가? 이런 모든 것이 느껴진다. 이는 보편적인 것이다. 통역이 필요하지 않다. 또한 내가 어느 나라에 있건 똑같이 느낄 수 있는 것들이다.

똑같은 논리가 인터뷰에도 적용된다. 인터뷰는 에너지의 교환이다. 분명 초기의 접근보다는 인터뷰가 더 다양하고 복잡해지긴 했다. 지금은 질문만 해도 수백 개나 되니 말이다. 하지만 여전히 그것은 에너지의 교환이며, 따라서 느껴질 수 있다. 이를테면 당신은 인터뷰가 잘 되어갈 때 이를 느낄 수 있다. 그 사람이 그걸 진지하게 받아들일 때 느낄 수 있고, 그 사람이 진실할 때 역시 느낄 수 있다. 어떤 언어로 말하고 있건 상관없다. 왜냐하면 진실은 종종 멈칫거리며 전해지기 때문이다. 한 번에 한 숟가락씩, 깊은 곳에서부터 파내는 것처럼 말이다. 진실은 무겁게 느껴진다. 중력을 갖고 있으며, 보통은 표면에 떠 있지 않다. 인터뷰가 시작부터 진실한 경우는 드물다. 불편함과 불확실성에서 출발한다. 사람들은 진부한 표현이나 일반적인 표현으로 스스로를 보호하고, 긴장된 웃음으로 그들의 대답을 맺는다. 그러나 대부분의 인터뷰는 결국 진실에 가닿을 것이다. 당신이 인내심을 보인다면, 그리고 심각하다는 것을, 관심을 갖는다는 것을 내보인다면 말이다. 그 순간 상황이 진정되는 걸 느끼게 된다. 처음으로 쉽지 않은 질문을 통해 그 사람이 무슨 생각을 하고 있는지 알게 된다. 그러곤 진실의 순간이 온다. 진정한 답을 듣는다. 그런 일이 일어날 때면 언제나 느낄 수 있다. 어떤 언어로 말하고 있건 간에 말이다. 통역사가 말을 옮기기도 전에 나는 그 답이 진짜라는 것을 안다. 우리가 그곳에 가닿았다는 걸 안다. 그 방식이 여전히 통한다는 걸, 내가 여기서도 할 수 있다는 걸 안다.

"이 나라는 출산에 대한 예의가 없어요. 우리 사회는 아이를 갖길 기대해요. 결혼을 하자마자 사람들이 배를 쳐다보기 시작하죠. 곧 가족, 친구, 심지어 완전히 낯선 사람들에게 질문을 받기 시작해요. 감사하게도 남편은 절 지지해주는데, 왜냐면 우리는 유산 일곱 번에 사산까지 두 번 겪었거든요. 가족들의 압박을 견디기 힘들어서 전 물약을 마시게 됐어요. 성수로 목욕도 했죠. 어느 순간 저는 영혼의 영역에서 정밀검사를 받기 위해 사람들 앞에서 벌거벗겨지기까지 했어요. 얼마나 교육 받았는지는 상관없어요. 뭐든 시도해볼 지경에 이르게 되죠. 더 이상 여자로 느껴지지 않아요. 몇 년간의 노력 끝에 우리는 마침내 이렇게 말해주는 특별한 의사를 찾았죠. '당신에게는 아무 문제가 없어요. 휴가를 가세요. 인생을 즐겨요.' 그때 우린 이미 포기했던 터라 그 의사의 말을 듣진 않았지만, 9개월 뒤에 우리 아들이 태어났어요. 이제 제겐 세 아이가 있죠. 이런 어려움들을 겪었기 때문에 저는 비슷한 상황에 처해 있는 여성들을 돕고 싶어요. 그래서 '마이 시스터스 키퍼My Sister's Keeper'라고 하는 작은 커뮤니티를 운영 중이죠. 무상으로 치료와 불임 상담을 해줍니다. 하지만 주로 그곳은 더위를 식히는 곳이에요. 무료 온천 치료를 받는 곳이고, 여성임을 느끼게 해주는 곳이죠. 또한 아기를 갖는 것만 생각하는 곳이에요."

_가나 아크라

"가나에서 핸드폰 커버를 팔았는데, 잘 안됐어요. 그래서 내 삶을 바꿀 수 있나 보려고 남아공으로 넘어왔어요. 의류 사업 쪽으로 바꿔보려 했죠. 바느질하는 법을 알았고, 그래서 한 번 해보기로 했어요. 하지만 상황이 그전보다 더 나빠졌어요. 여기 하루 종일 서 있어도 손님 한 명 없네요. 3년 동안이나 해왔는데, 내가 왜 아직도 애쓰고 있는지조차 모르겠어요. 지금쯤 전 아내가 있어야 했죠. 집이랑 아이들도요. 하지만 아무것도 없어요. 내 몸 하나 건사하지 못하는데 누굴 만날 수 있겠어요? 저는 얼마 전에 어떤 여자와 사랑에 빠졌어요. 이 근처에서 음식을 팔죠. 우리는 매일 밤낮으로 이야기하곤 했어요. 함께 목욕을 하고, 함께 잠들고, 함께 기도했지요. 그녀는 내게 웃어주고 키스를 해주곤 했어요. 가진 게 많진 않았지만, 적으나마 내가 가진 걸 그녀에게 줬어요. 마침내 처음으로 행복하더군요. 그러다 어느 날 밤, 그녀가 우리 집에 오게 되었는데 내가 아무것도 가진 게 없다는 걸 봤어요. 라디오도 텔레비전도, 아무것도 없었죠. 그녀는 괜찮은 척 했어요. 그런 건 신경 쓰지 않는 것처럼 굴었죠. 하지만 2주 뒤에 연락을 끊어버리더라고요. 그녀는 절대 돈 때문이라고 말한 적은 없어요. 하지만 그건 제가 돈이 없기 때문이었죠."

_남아프리카공화국 요하네스버그

"평생 사무직으로 일했습니다. 어렸을 땐 영향력 있는 작가를 꿈꿨죠. 동네에서 상을 좀 탔어요. 하지만 글쓰기는 제게 주로 사랑의 무기 같은 거였어요. 독서를 좋아하는 여자애한테 푹 빠져 있었거든요. 당시 걔는 같은 반의 다른 남자애와 사귀고 있었어요. 농구를 하는 인기 있는 남자애였죠. 저보다 꽤 키도 크고요. 나중에 그 남자애는 국가대표팀에서 뛰게 됐어요. 그에 반해 전 너무 숫기가 없어서 그 여자애한테 거의 말도 못 걸었죠. 그러다 학기 말에 제 사랑을 알리는 긴 편지를 썼어요. 여름이 지나 그녀는 농구선수와 헤어졌고, 다음 학기에 학교에 돌아왔더니 내 책상 위에 '그래'라고 써주었어요. 모든 게 바뀌었죠. 세상이 빛과 색깔을 지니고 있었어요. 더 이상 비가 내리지 않았죠. 우리는 시내 중심가를 함께 걷고 춤도 추러 갔죠. 그런데 크리스마스가 다가올 즈음, 여자친구는 우리에게 대화가 필요하다고 했어요. 그녀는 그 농구선수와 다시 만나고 있었죠. 그래서 전 제 모든 카드를 꺼냈어요. 짧은 이야기를 썼죠. 한 여자의 사랑을 얻기 위해 두 명의 군인이 경쟁하는 내용이었어요. 그중 한 명은 힘센 중위이고 다른 쪽은 그냥 군인이었는데, 평범한 군인 쪽이 그녀를 더 사랑했지만 나중에 전투에서 죽고 마는 내용이에요. 글을 다 쓰고 여자친구에게 읽어달라고 했어요. 그녀는 아주 좋다고 하더니만 그 농구선수와 결혼했어요."

_스페인 마드리드

"어렸을 때 제게 가족의 생계가 달려 있었어요. 아버지가 일을 할 수 없었거든요. 저는 오토바이 수리점에서 일했습니다. 모두들 집에 앉아 제가 돈 벌어오길 기다리곤 했죠. 어느 날에는 음식이 거의 다 떨어졌어요. 단돈 1루피도 없고 먹을 것도 없었죠. 저야 괜찮았지만 여동생이 배고픈 채 잠들 거라고 생각하니 견딜 수 없더군요. 하루 종일 가게에 앉아 손님이 오길 기도했습니다. 그러나 아무도 오지 않았죠. 다행히 밤이 깊어갈 즈음, 한 남자가 타이어에 펑크가 났다며 차를 몰고 왔어요. 수리비는 3루피였죠. 그런데 일을 마치자, 그 남자는 20루피를 건네주고는 차를 몰고 가버렸어요. 그걸로 쌀 2킬로그램을 살 수 있었어요. 그날부로 내 인생 전체가 회복됐어요. 가게가 정말 바빠졌고 우리 가족은 다신 배고플 일이 없게 됐죠. 오늘도 전 그 남자를 생각합니다. 그의 얼굴을 보진 못했어요. 그는 제 삶뿐만 아니라 우리 가족 모두의 삶을 바꿨죠. 누구였는지 궁금해요. 저는 가끔 그가 신이었을 거라 생각합니다."

_인도 뭄바이

"저는 지금 해외 유학 중이에요. 우리나라에 있을 때 썸타던 남자가 있는데요. 좋은 사람이에요. 파티에서 처음 만났는데, 그러고 나서 20분 뒤에 제가 토하는 동안 그 남자가 머리카락을 잡아줬죠. 그렇게 끌리지는 않았지만 흥미로운 사람이었어요. 섹스에만 관심을 갖지 않는 남자애는 만나본 적이 없었거든요. 축구선수나 징그러운 10대 남자애들하고만 데이트해왔죠. 그 남잔 달랐어요. 진심으로 사람들을 아끼죠. 저에게 선물을 이것저것 가져다주곤 했어요. 한번은 학교에서 일주일을 엉망으로 보냈는데, 제가 좋아하는 걸로 가득 채운 선물 꾸러미를 주더라니까요. 그렇게 많은 관심을 받는 게 좋았죠. 그를 곁에 두려고 마치 여자친구처럼 굴었어요. 근데 사실 그 사람은 내게 아무런 영향을 미치지 못했고, 반대로 내가 하는 모든 건 그 사람에게 영향을 미쳤죠. 감정이 더 적은 쪽이 되면 이상한 권력의식 같은 게 생기더라고요. 전 늘 반대편, 더 적은 쪽이었어요. 썸이 깨진 뒤에도 전 여전히 그와 어울렸고 선물도 받아줬어요. 그 남자는 저 여행 갈 때 쓰라고 이 일기장까지 줬죠."

_호주 멜버른

"열아홉 살 때였어요. 내가 어떤 사람인지 하는 정체성을 놓고 버둥거리고 있었죠. 전 친구를 잘 사귀지 못했는데, 그래서 쿨한 척을 하기로 했어요. 차갑고 다가가기 어려운 사람인 척했어요. 제 자신을 뾰족하지만 영리하다고 봤죠. 실제론 전 모든 사람을 거슬리게 했어요. 룸메이트들과도 잘 지내지 못해서 따돌림을 당하는 느낌이었어요. 우리가 살던 아파트는 항상 분위기가 긴장돼 있었죠. 어느 순간 전 그냥 도망치기로 마음먹었어요. 노트북을 열고 가장 싼 비행기표를 샀죠. 영국 리버풀이었어요. 아무에게도 말하지 않았어요. 집세를 빼먹고 고양이도 남겨뒀어요. 전 두 달 동안 히치하이킹을 하면서 영국을 횡단했어요. 돈이 없어서 여행자 웹사이트인 '카우치 서핑'에서 지낼 곳을 찾곤 했어요. 그 후 프랑스에 갔어요. 벨기에, 네덜란드, 독일로 갔죠. 여행을 이어가기 위해 뭐든 했어요. 전 그 경험을 계속 낭만적으로 묘사하면서 스스로에게 이렇게 말하곤 했죠. '이 경험은 내 눈을 뜨게 하고 인생을 바꿀 거야.' 전 그것들이 모두 이루어지길 간절히 바랐고, 내가 하는 행동에 깊이 빠져 있었죠. 자신감 있는 사람, 다른 사람들이 뭐라 생각하든 상관하지 않는 사람, 그런 타입의 사람이 되고 싶었거든요. 하지만 실제로 전 그냥 무서웠어요. 집에 돌아가서 내가 싸놓은 똥들을 마주하는 게 무서웠던 거예요. 스스로 어른스럽다고 느꼈지만 사실 그냥 어린 애였죠. 눈을 가렸을 뿐인데 마치 숨어 있는 것처럼 굴었달까."

_폴란드 바르샤바

"말이 끊기는 게 최악이에요. 사람들과 대화할 때마다 그다음에 무슨 말을 해야 할지 모르겠고, 그러면 멈칫거리게 되죠. 그때부터 전 바닥을 내려다보기 시작해요. 그러다 긴장한 웃음이 밀려들면 이제 돌이킬 수 없게 돼요. 제겐 항상 어려웠어요. 어릴 때도요. 엄마가 어른들한테 인사하라고 시킬 때마다 발만 보며 웅얼거리곤 했어요. 다른 사람들에겐 정말 자연스럽잖아요. 사람들은 자신을 정말 쉽게 표현하고 또 행복해 보여요. 항상 행복한 건 아닐지도 모르지만, 그래도 가볍고 무심하죠. 저도 노력은 해요. 하지만 다른 사람이 되려고 노력하는 느낌이 들어서 곧 불편해져요. 그런 순환이 반복되는 거죠. 저는 항상 사람들이 제가 주변에 없는 걸 더 좋아할 거라고 생각해요. 지금보다 젊었을 때도 디스코장에 가본 적이 없어요. 연애를 해본 적도 없고 여자와 키스도 못 해봤죠. 부모님은 절 분명 아껴주시고 저도 그걸 알아요. 감사하게 생각해요. 하지만 전 인생에서 더 많은 걸 원합니다. 언젠가는 아빠가 되고 싶고, 가족도 갖고 싶어요. 직업도 구하고 싶고요. 하지만 사람들과 대화 나누는 법을 배우지 못한다면, 그 모든 일은 일어나지 않을 거예요."

_스페인 바르셀로나

"확실히 난 소시오패스인 것 같습니다. 아니면 그 비슷한 거요. 부모님은 파일럿이었고, 그래서 유년 시절 대부분을 튀니지의 작은 섬에서 보냈습니다. 다른 애들이라곤 현지인 호텔 직원의 자녀들뿐이었죠. 너무 고립되어 있었던 탓에 나만 쓰는 말들을 지어내기까지 했어요. 고등학생이 될 무렵 난 괴물이었죠. 최고가 되는 것에만 신경 쓰는 양아치였어요. 단지 논쟁을 위한 논쟁을 벌이곤 했어요. 내가 옳을 수만 있다면 어떤 믿음이든 파괴했죠. 지금은 다르게 행동합니다. 하지만 여전히 내가 소시오패스라고 생각해요. 내게 과연 공감 능력이 있는지 모르겠어요. 그래도 항상 공감의 성격을 띠는 선택을 하려고 노력해요. 그건 내게 지적인 거예요. 공감의 필요성을 지적으로 확신하고 있죠. 이를테면 나는 다른 사람을 돕는 걸 선택하고, 믿을 만한 친구가 되는 걸 선택하죠. 아내는 멋지게도 나를 판단할 때 행동의 이유가 아닌 행동 그 자체를 봐줍니다. 가끔 내가 피노키오 같단 느낌이 들어요. 피노키오가 진짜 소년이었을까요? 네, 그럴 거예요. 왜냐면 항상 그렇게 되기 위해 노력했으니까요."

_미국 뉴욕

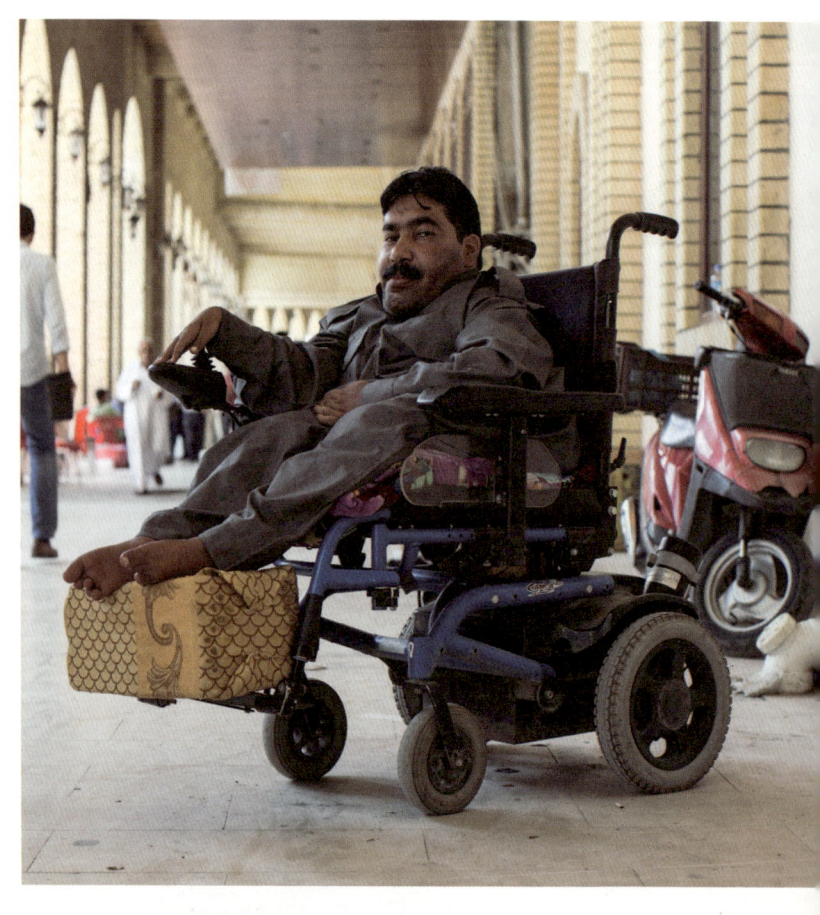

"내 얼굴을 포토샵으로 건강한 몸 위에다 합성해봤어요.
어떻게 보이는지 궁금해서요."

_이라크 에르빌

"다른 회사를 차리려고 해요. 첫 번째는 실패했거든요. 그 후 한동안 정규직을 구하려고 했는데 도저히 못하겠더라고요. 물론 사업을 하는 건 단점이 많아요. 상사에게 도와달라고 할 수 없고, 급여가 정기적으로 나오지도 않죠. 여자친구와 전 여러 계획들을 미뤄둬야 했어요. 그렇지만 적어도 내 삶을 내가 통제하잖아요. 자유롭죠. 하는 일의 가치가 고스란히 내 것이고요. 예전에 직장 다닐 때는 늘 같은 일의 연속이었어요. 똑같은 사무실, 똑같은 사람들. 승진을 한다 해도 그냥 맡은 책임이 달라지는 것뿐이죠. 링크드인 Linked In 사이트의 이용자명에 붙는 직함이야 달라지겠지만, 실제 의미 있는 건 아무것도 변치 않아요. 사람들의 시선이 달라진다고 해서 그게 무슨 가치가 있나요? 대학생 때 저는 꿈을 가진 여러 사람들을 만났어요. 그들은 NGO를 만드는 꿈, 세상을 바꾸는 꿈에 부풀어 있었죠. 하지만 그러더니 아이를 낳고 집을 사고 차를 사고, 그러곤 갇혀버렸죠. 다들 계속 '언젠가, 언젠가는'이라고 중얼거릴 뿐이에요. 아침에 지하철을 타면 20년 동안 똑같은 일을 해온 사람들을 넘치게 볼 수 있어요. 그들은 거의 텅 비어 있는 것처럼 보여요. 우리 모두 일이란 게 매일 여덟 시간씩 걸리지는 않는다는 걸 알잖아요. 하지만 그게 문화죠. 우린 그 구조에 갇혀 있어요. 회의 때문에 꼼짝할 수 없거나, 아니면 핸드폰으로 시간을 때우거나. 단지 주말만 바라보면서 말이에요. 이런 게 다 무슨 소용인가요? 새로운 뭔가를 사려고? 중요해 보이려고? 전 못하겠어요. 탈출구를 찾아야만 해요."

_캐나다 몬트리올

"열다섯이나 열여섯 살쯤 되면 인생이 형편없어지기 시작할 거라고 확신해요. 그때쯤엔 제가 첫 일자리를 구해야 하거든요. 그 이후에는 모든 게 상당히 끔찍할 것 같아요. 어른들에겐 진짜 삶이 없잖아요. 놀러 나갈 수도 없고, 친구들과도 그렇게 자주 어울리지 않죠. 아마 문자는 좀 보내겠지만 그게 다죠. 일어나서 일 나갈 준비를 하고, 다시 돌아와서는 아마 TV나 좀 보다가 자러 가죠. 그런 게 다 우울해 보여요. 그렇지만 분명 모두가 해야 하는 거죠."

_홍콩

"이 나이쯤 되면 훨씬 더 너그러운 사람이 돼 있을 거라 생각했어요. 규칙대로 살아가면 행복해지는 법을 배울 거라고, 어른이 되면 어떻게든 내가 지닌 모든 문제들을 조화시킬 수 있으리라고 생각했죠. 이젠 그 누구도 자라지 않는단 걸 깨달았어요. 모두들 그냥 늙어갈 뿐이에요."

_미국 뉴욕

"어제 우린 금속탐지기를 갖고 보물찾기를 했어요. 그램블이 발견한 걸 아주 조심스럽게 파내고 먼지를 터는 법을 보여줬어요. 1파운드짜리 동전이나 어쩌면 오래된 로마 동전이라도 찾고 싶었는데, 그 대신 텐트를 고정하는 말뚝을 찾아냈죠. 그리고 오늘 같은 경우에는 서점에 가서 후기 빅토리아 시대의 백과사전을 찾아냈어요. 더 이상 사실이 아닌 수많은 사실들을 발견했죠!"

_영국 런던

"어른들은 내가 단지 어리다는 이유로 여러 가지 것들을 이해하지 못할 거라고 생각해요. 그렇게 추측하고 그렇게 가정하죠. 하지만 그건 내게 좌절감을 줄 수 있어요. 왜냐면, 저기, 난 진짜로 알고 싶거든요. 아님 어른들은 저한테 뭔가에 대해 얘기해줄 때마다 항상 '내 수준에 맞게' 조정하려고 해요. 특히 성이나 죽음이나 식인 등등, 이런 무거운 주제는 피하려 하죠. 하지만 난 바로 그런 얘기를 하고 싶다고요. 이를테면 도너 일행*에 엄청 흥미가 있어요. 정말이지, 그 탐험 전부에 대해서요. 알고 지내던 사람을 먹는 기분이 어땠을까? 인간의 정신이 어떻게 죽음을 다루는지도 아주 흥미로워요. 사람들은 죽음이라는 생각을 완전히 차단해버리고, 죽음 뒤에 천국과 지옥 같은 곳이 있다고 주장하는 것 같아요. 하지만 죽음은 죽음이에요. 죽음 이후에는 모두가 죽은 상태죠. 의식은 그냥 뇌일 뿐이니까요. 만약 사후의 삶에 대한 증거가 있다 하더라도 그걸 제대로 평가하긴 어렵죠. 우린 사후에 뭔가가 더 있다는 걸 암시하는 정보라면 뭐든 굉장히 편향적이게 받아들일 거예요. 그걸 필사적으로 믿으려 할 테니까요."

_미국 뉴욕

* 19세기 서부로 이주하던 길에 눈 속에 고립되어 인육까지 먹었던 개척자들.

"그 사람은 생일날 쓰러졌어요. 우리는 막 축하 파티를 했던 참이었죠. 사다리 위에 서서 선반을 고치려다가 떨어진 거예요. 너무 갑작스러웠어요. 일주일 동안 혼수상태에 빠졌다가 가버렸어요. 그가 죽고 나서 저는 일기를 쓰기 시작했어요. 첫 번째 페이지에는 마지막 날에 대해 썼어요. 너무 슬펐죠. 그냥 무슨 일이 일어난 건지 정리해볼 필요가 있었어요. 그러다가 계속해서 뒤로, 뒤로 돌아가서 내가 기억할 수 있는 모든 걸 적었어요. 함께 걸었던 산책길, 같이 갔던 곳들, 박물관, 성, 아이들과 함께 갔던 휴가. 항상 펜을 갖고 다녔어요. 기억날 때마다 적었죠. 우리는 열네 살 때부터 알고 지냈어요. 그때 이 공원을 산책하곤 했어요. 물론 부모님 허락을 받고요. 그 사람이 떠난 지 거의 9개월이 되었네요. 기분은 좀 나아졌어요. 여전히 뭔가를 쓰고 있는데, 더 이상 추억에 관한 건 그렇게 많지 않아요. 이젠 좀 더 영적이죠. 그가 여전히 어딘가에서 진화하고 있단 생각이 들어요. 어느 날엔 꿈에서 만났어요. 젊은 클로드였어요. 스물다섯 아니면 서른 살쯤 돼 보이더군요. 정말 생생해서 심지어 꿈처럼 생각되지도 않았어요. 전 그를 느낄 수 있었어요. 새빨간 옷을 입고 문간에 서 있더라고요. 클로드는 절대 빨간색 옷은 안 입었는데 말이죠. 그러나 제가 안아주려고 다가가자 문이 닫혔고, 그렇게 사라져버렸어요. 그가 저기 어딘가에 아직 있다고 믿어요. 문 저쪽에서 전 그를 다시 보게 될 겁니다."

_프랑스 파리

"얘들은 디지털 네이티브예요. 컴퓨터를 다루는 어른들을 보면 클릭하길 주저하죠. 그러나 아이들은 망설이는 게 없어요. 매뉴얼이 필요 없고 숨 쉬는 것과 같아요. 공기 같은 거죠. 얘들은 거기 익숙해질 필요가 있어요. 아이들이 시대에 뒤처지지 않길 바라죠. 현대인에게서 핸드폰을 빼앗으면 아마 쩔쩔맬 거예요. 일단 편리함을 맛보고 나면 불편한 생활로 돌아갈 수 없어요."

_일본 도쿄

"이젠 손자 녀석을 어릴 때보다 더 잘 모르겠어요. 재밌는 꼬맹이였거든요. 박물관도 같이 가고 식당도 가곤 했어요. 함께 게임을 하고, 카드놀이나 체스도 했죠. 이것저것에 대해 실제 토론도 했고요. 아주 외향적인 아이였는데 지금은 컴퓨터만 하고 싶어 해요. 포트나이트라는 게임에 빠져 있죠. 또 뭐더라? 맞아요, GTA. 손자 녀석은 사람과 얼굴을 맞대고 어울리는 능력을 잃어가고 있어요. 특히 어른들하고요. 화면을 쳐다보거나 아니면 화면 속으로 되돌아가고 싶어 안달이죠. 그게 두려워요. 그 녀석은 현실과 동떨어져 있어요. 더 공격적이고 무례해지고 있다고요. 그게 다 그 문화의 일부예요. 폭력을 완전히 받아들이는 거죠. 방 안에서 손자 녀석이 '몸통 잘 쐈어!' '머리통 잘 날렸어!' 하고 소리치는 게 들려요. 자기 엄마 돈을 새 무기나 갑옷처럼 추상적인 것들에 다 쓰고는 엄마가 안 된다고 하면 화를 내요. 항상 더 하게 해달라고 요구하죠. 그 녀석을 점점 잃어가는 느낌이에요. 손자는 아마도 날 꼰대 영감이라 생각하겠지만, 난 걔 관심사를 감싸주고 싶지 않아요. 나는 그 세계에 들어가는 데 관심이 없어요. 그 녀석이 우리 세계에 들어오는 데 아무 관심이 없어 보이는 것처럼 말이죠."

_캐나다 몬트리올

"저는 스페인 남부의 작은 도시에서 왔어요. 스카이다이빙으로 유명한 곳이죠. 1991년도에 유럽 전역에서 온 대표단과 함께 큰 행사가 있었어요. 저는 당시 24세의 통역사였고, 스카이다이빙 협회 회장에게 배정됐어요. 그분 이름은 미셸이었어요. 프랑스에서 온 퇴역군인이었죠. 레지스탕스의 일원이었고, 수용소 시절에 문신으로 새겨진 번호가 팔에 남아 있었어요. 우리는 나흘을 함께 보냈죠. 로맨틱한 일은 일어나지 않았지만, 금지된 무언가가 있었죠. 그는 저보다 마흔 살이나 위였어요. 우리는 팔짱을 낀 채 걷곤 했죠. 그는 위엄이 있었어요. 매혹적이었죠. 매력적이었습니다. 그가 집으로 돌아간 뒤 우린 편지를 주고받기 시작했어요. 아름다운 우정이 되었죠. 몇 년 동안 지속됐어요. 하지만 남편이 싫어했고 결국 전 답장을 멈췄어요. 미셸은 몇 번 더 편지를 보내왔지만 결국 포기했죠. 전 그에게 아무런 설명을 한 적이 없었어요. 최근에 내 방을 청소하다가 그 편지들을 발견했어요. 생각 끝에 인터넷으로 그를 찾아봤지만, 내가 찾아낸 건 그의 부고뿐이었죠. 4년 전에 돌아가셨더군요. 88세였어요. 지금 저는 프랑스를 여행하면서 그의 삶에 대한 정보를 모으고 있어요. 이미 몇 가지 군사 기록을 찾아냈죠. 오늘 저는 그의 아내를 찾아가 인터뷰를 요청하려 해요. 모든 것을 책으로 엮고 싶어요. 일종의 헌정으로요. 내가 뭘 찾고 있는 건지 모르겠네요. 그냥 뭔가 해야만 할 것 같아요. 이 이야기를 맺고 싶거든요."

_프랑스 파리

"남편이 직장에서 만난 젊은 여자와 관계를 맺었어요. 처음엔 느긋하게 여겼죠. 남편이 저보다 열세 살 어리거든요. 그래서 '살다 보면 안 좋은 일도 생기는 법'이라고 생각했어요. 그런데 그때 그 여자가 임신을 했어요. 다행히 이혼 절차를 거쳐서, 난방이 들어오지 않는 이 거지 소굴 같은 곳을 넘겨받을 기회가 생겼고, 여길 아트 스튜디오로 바꿨습니다. 저는 지금 최고의 인생을 살고 있어요. 분홍색 샹들리에와 개를 제외하면 여기 있는 모든 걸 판매 중이죠. 누구나 언제든지 여기 들를 수 있어요. 뭐든 원하는 걸 먹거나 마실 수도 있죠. 이웃의 모든 젊은이들이 날 사랑해요. 저는 친구들 무리에서 가장 나이 많은 사람이에요. 나머진 모두 20대나 30대예요. 그들은 절 '퀸 마마'라 부르죠. 전 그들을 내 입양 자식들이라 부르고요. 전 항상 그들의 학교 과제와 이력서, 면접 준비를 도와줘요. 그 답례로 딱 한 가지를 요청하죠. 각자 제게 매주 한 가지 새로운 걸 가르쳐줘야 해요. 음악 한 곡, 유행, 아이디어. 그렇게 해서 전 최신 정보를 얻을 수 있어요. 사진 찍기 전에 들어가서 화장 좀 할게요. 어젯밤에 우리가 새벽 2시까지 밖에 있었거든요."

_네덜란드 암스테르담

"결혼 생활 20년 만에 남편이 바람피우다 걸렸어요. 제가 남편을 떠났죠. 솔직히 이혼을 훨씬 일찍 했더라면 좋았을 거예요. 너무 오랫동안 개인이 될 권리를 놓쳐왔어요. 가족이 내 꿈보다 훨씬 더 중요했죠. 그 당시 저는 작은 즐거움을 누렸어요. 아들이 대학에 입학할 즈음, 새 차를 샀고 결혼 20주년 기념일을 맞았죠. 하지만 이젠 삶이 훨씬 더 강렬해요. 좋아하는 모든 걸 하고 있거든요. 영양학을 공부해서 병원에 취업을 했어요. 사고 싶은 건 뭐든 사고요. 만화를 보고, 슈렉 영화는 절대 놓치지 않죠. 한 달에 적어도 한 번은 오케스트라에 갑니다. 지금은 금융 관련 강의를 듣고 오는 길이에요. 주식 시장에 투자해서 바닷가에 집을 마련하려고요."

_브라질 상파울루

"여덟 살 때부터 엄마가 되고 싶었어요. 늘 가족을 꾸리는 꿈을 꿨죠. 그런데 3년 동안 노력해왔는데도 우린 임신이 안 됐어요. 물론 계속 검진은 받아요. 검사 결과도 괜찮고 다들 문제가 없다고 하지만, 여전히 아무 일도 일어나지 않네요. 뭔가 원인이 있었더라면 더 쉬웠을 거예요. 지금 당장은 무력감을 느껴요. 전 벌써 서른다섯이고, 시곗바늘이 돌아가는 게 신경 쓰여요. 시간이 갈수록 점점 더 힘들어지거든요. 한 달 중 그 시간에 특히 힘들어요. 그날엔 주로 혼자 뚝 떨어져 있어요. 누구와도 말하고 싶지 않고, 아무것도 하고 싶지 않죠. 보통 이이가 피자를 주문해요. 우린 영화를 보고 포옹을 하죠. 그리고 이 사람은 가장 운 좋은 일은 이미 일어났다는 걸 제게 상기시켜줘요. 우리는 같은 도시에 태어났고, 같은 학교를 다녔고, 서로를 찾아낼 수 있었어요. 그럴 확률이 얼마나 있겠어요? 우린 이미 너무나 운이 좋아요. 무슨 일이 일어나든 우린 항상 여기 있을 거예요."

_이탈리아 로마

"오늘은 이 녀석의 열 번째 생일이에요. 아주 감정이 풍부한 아이죠. 얘는 다른 사람의 문제를 해결해주는 걸 좋아해요. 한번은 다섯 살 때 저랑 가게에 함께 가서 신선한 살구를 1킬로쯤 샀어요. 집까지 장바구니를 들고 오게 했죠. 얘는 내내 저보다 조금 뒤에서 걸어왔거든요. 조금 있다가 제가 얘한테 살구를 하나 달라고 했어요. 그랬더니, '없어요. 제가 다 줘버렸어요.' 이러는 거예요. 내가 인도주의자를 키우고 있단 걸 그때 알았죠."

_이란 타브리즈

"세 살배기 딸에게 하찮은 동전들을 주면서 농담처럼 '넌 부자'라고 말해줬어요. 딸아이는 가서 동전을 숨겼고 전 그걸 다 잊어버렸죠. 몇 달 뒤에 먹을 걸 살 돈이 필요해서, 큰딸에게 생일에 받은 용돈을 좀 쓸 수 있겠냐고 물어봤어요. 큰딸은 싫다고 했죠. 내가 부모로서 완전히 실패했구나 싶어서 거의 울기 직전이었죠. 그런데 갑자기 막내딸이 오더니, 내가 줬던 동전 한 줌을 돌려주는 거예요."

_멕시코 멕시코시티

"나를 가로막는 건 오직 나의 상념뿐입니다."

_태국 방콕

"인생을 갈등 없이 살고자 노력 중이라오.
그래서 말을 많이 안 하지."

_인도 뭄바이

"난 모든 걸 깨달았습니다. 그냥 시간이 흐르게 놔두고,
생각을 너무 많이 하지 마세요."

_브라질 상파울루

"네덜란드에서 심리치료사로 있어요. 내담자 중에는 가장 성공한 축에 드는 사람들도 있죠. 고객들은 보통 마흔 전후에 절 찾아와요. 그들은 그간 많은 것을 성취했지만, 그럼에도 자신이 해낼 수 없을 것이라는 두려움에 여전히 쫓기고 있죠. 이분들은 스스로에게 묻기 시작해요. '이게 내 남은 인생일까?'"

_미국 뉴욕

"스무 살에 도시로 와서 과일 장수가 됐어요. 그걸로 고향 마을에 집을 지을 수 있었죠. 난 건강합니다. 밥도 먹고 살고요. 많은 사람들이 제시간에 식사를 못하거든요. 난 내가 원하던 걸 다 얻었어요. '나는 많은 걸 갖고 있다'고 생각하는 순간이 바로 영혼이 편안해지는 순간이죠. 내 영혼은 편안합니다."
_인도 자이푸르

"사업을 키우고 싶지 않아요. 그냥 유지하려고요. 베개 밑에 돈이 좀 있긴 하죠. 근데 그건 중요한 게 아니고요. 이건 생활 방식이죠. 보세요, 천국이잖아요. 여기서 여름 내내 일하고, 비수기엔 세계 여행을 다녀요. 현금이 추가로 좀 더 필요해지면 요트 승무원으로 일하면 돼요. 저는 절대 사람들에게 더 많이 사라고 강요하진 않아요. 어떤 손님은 이렇게 묻더군요. '가게를 확장하는 건 어때요? 카페로 바꿔서 코카콜라를 팔면 어떨까요?' 근데 그건 더 많은 직원을 뜻하죠. 더 많은 월급, 더 많은 세금, 더 많은 책임이기도 하고요. 내 자신을 짓누르고 싶지 않아요. 자유롭고 싶어요. 이봐요, 그건 오래도록 땅속에 묻혀 있는 거나 다름없다고요."

_뉴질랜드 베이오브아일랜드

"작년에 여동생이 갑자기 뇌졸중으로 세상을 떠났어요. 그래서 제 딸과 조카를 둘 다 키우고 있습니다. 우리 문화에서 이건 당연한 거예요. 그냥 하는 거죠. 이제 이 아이는 제 몫이에요. 싱글맘이라 쉽진 않아요. 수입과 지출을 따져보면 숫자가 안 맞는 달도 확실히 있죠. 게다가 둘 다 열세 살이라서 애들 기분이 널을 뛰어요. 오늘은 이랬다가, 내일은 저랬다가 하죠. 하지만 신께서는 우리에게 은혜 또한 베푸셨어요. 아이스크림을 나눠 먹을 정도의 형편은 되거든요. 보금자리도 있고 음식도 있죠. 전 넉 달 동안 일을 쉬었다가 얼마 전에 새로 관리직으로 취직했어요. 우린 먼 길을 왔습니다. 조카는 자신을 추스르기 시작했고 학교 성적도 나아지고 있어요. 여전히 엄마에 대해 현재시제로 말하지만, 더 이상은 밤에 울지 않죠. 저 또한 많이 성장했어요. 내가 인정하고 싶은 것 이상으로, 이 투쟁이 제게 의미를 부여해줬기 때문이죠. 이것이 내 삶의 목적이에요. 나에겐 단출한 가족이 있고, 우리가 가진 작은 것들을 함께 나눕니다."

_남아프리카공화국 요하네스버그

"전 최고의 삼촌이에요. 제 예비 탱크에 남는 에너지가 좀 더 있어서 그런 것 같아요. 형제 중에 저만 자식이 없거든요. 저도 아이를 갖고 싶지만 아직 기회가 없었어요. 하지만 조카가 열두 명 있고, 가능한 한 자주 보려고 해요. 오늘 아침에 누나에게 전화해서 얘네 둘을 하루 봐주겠다고 했어요. 누나에게 자유시간이 얼마나 필요한지 아니까요. 누난 그 시간에 그냥 뭔가를 할 수도 있고, 아마 몇 시간 정도 집에서 벗어날 수 있을 테죠. 이 두 녀석이 아무리 까불어도 저는 스트레스를 안 받아요. 그냥 소중할 뿐이죠. 항상 얘들에게 엄마 말고도 다른 누군가가 있었으면 좋겠어요. 물론 얘들은 엄마와 관계가 아주 좋아요. 하지만 엄마는 엄마고, 누구나 엄마를 실망시키고 싶진 않잖아요. 그러니까 만약 뭔가 문제가 생기거나 고민이 좀 있다면, 또 누군가에게 말하긴 두렵지만 그래도 뭔가 길잡이가 필요하다면, 그럴 때에는 이 마커스 삼촌에게 오면 돼요."

_영국 런던

"사람들이 베란다에서 '여기서 놀지 마라!' 하고 소리를 질러요. 그럼 우린 어디서 놀아요? 또 사람들이 '너무 시끄럽게 놀지 말거라!' 하는데요. 어떻게 안 시끄럽게 놀아요?"

_이집트 카이로

"우리 학교 여자애들은 진짜 잘 때려요."

_대한민국 서울

"얘가 우리 가족 중에서 제일 여러 언어들을 할 줄 알아요. 거리에서 온갖 애들하고 놀아서 그래요."

_이라크 에르빌

"어떻게 공동체 지도자가 됐냐고요? 결혼식마다 가서 말하죠. '축하합니다.' 그리고 장례식마다 가서 말해요. '삼가 조의를 표합니다.'"

_요르단 알살트

"오빠 시신을 한 이웃분이 발견했어요. 유서는 없었지만 폰에 메시지를 남겼더라고요. '너무 지쳤어'라고만 쓰여 있었어요. 그날 이후 우리 가족은 모두 변했습니다. 엄마는 징후를 알아차리지 못한 자신을 탓하며, 화를 잘 내고 권위주의적이게 되었죠. 저를 더 압박하기 시작했어요. 성공하라고, 더 잘하라고, 더 눈에 띄라고 말이에요. 전 아주 어두워졌습니다. 모든 걸 포기해버렸죠. 학교에 가고 싶지 않았어요. 심지어 문자에 답장조차 하기 싫었어요. 중3이 될 때까지 그렇게 지냈습니다. 그때 정말 좋은 친구를 만났어요. 그 친구는 수업 시간에 계속 제게 말을 걸었어요. 제가 늘 어둡고 대답도 제대로 안 했는데도 계속 제게 말을 걸었어요. 왜 그랬는지 모르겠어요. 그냥 걔 성격이 그래요. 누구에게나 친절하거든요. 절대로 다른 사람에 대해 나쁜 말을 하지 않죠. 그 친구에겐 뭐든지 말할 수 있어요. 그럼 걘 자기 의견을 말하지 않고 그냥 들어주기만 할 거예요. 어느 날 우리 둘이 기차를 타고 하교할 때였어요. 내가 왜 그렇게 어두운지 친구에게 털어놓았죠. 서로 알고 지낸 지 2년째였지만 그런 얘기는 전혀 한 적이 없었어요. 그 누구에게도요. 친구는 가만히 제 얘길 듣기만 했어요. 그리고 제가 다 털어놓자 절 안아주며 이렇게 말해주더라고요. '진작 말하지 그랬어.'"

_일본 도쿄

"우린 종일 차를 몰아서 위니펙에 있는 부모님 집에서 막 돌아온 참이었어요. 남편이 줄곧 내 손을 잡았죠. 인생에서 정말 아름다운 시절이었어요. 우리에겐 8개월 된 딸이 있었습니다. 남편은 그 어린 여자아이를 너무나 사랑했어요. 아기를 바라보는 그의 눈빛을 보면 알 수 있었죠. 절대적인 숭배였어요. 우리 항상 누가 아기 목욕을 시킬지를 두고 입씨름을 벌이곤 했어요. 그날 밤 아기를 재운 사람도 남편이었죠. 남편이 아래층으로 내려와선 아기에게 '잘 있어'라고 인사했다고 제게 말했던 기억이 나요. 전 '잘 자가 맞겠지. 잘 있어가 아니고'라고 대꾸했어요. 그러자 남편은 제게 사랑한다고 말했죠. 그러곤 우리 둘 다 잠자리에 들었을 거예요. 다음 날 아침, 차고에서 남편을 발견했습니다. 그냥 서 있는 것처럼 보였어요. 이웃 말로는 제가 마치 상처 입은 동물처럼 울부짖었다더군요. 맙소사, 엄청난 충격이었죠. 그 집에서 단 하룻밤도 더 잠들 수 없었어요. 조금이라도 잠을 잘 수 있게 된 건 2년 전이었죠. 옷 사이즈가 절반으로 줄었어요. 당시에는 남편을 끔찍이 증오했어요. 그러니까 우린 아기를 우연히 가진 게 아니었어요. 헌신적으로 노력했다고요. 딸에게는 그가 필요했단 말이에요. 모든 게 너무나 굴욕적이었죠. 남편이 차고에서 목을 매달았단 걸 모두들 알았어요. 보아하니 전 인간으로서 너무나 하찮은 존재였죠. 너무 혐오스러운 나머지, 남편이 자기 목숨을 끊어야겠다고 느낄 만큼. 저의 사생활은 사라졌어요. 더 이상 무대 위와 무대 뒤편이 나뉘지 않았죠. 모두들 저에 대한 최악의 것들을 알고 있었어요. 이걸 감당해낼 수 있다면 뭐든 감당해낼 수 있겠다 싶었어요. 나 자신을 완전히 바꿨습니다. 더 용감해졌죠. 더 외향적인 사람이 되었고요. 대학으로 돌아가 석사학위를 받았어요. 현재는 양육권 소송 감정인으로 일합니다. 그날 두 사람이 죽었던 것 같아요. 블레어, 그리고 그가 없이 살기를 두려워했던 한 여자."

_캐나다 토론토

"지난 11월에 형이 총으로 자살을 했어요. 형은 항상 자기가 저보다 더 우월하다고 생각했죠. 저희 집에 찾아올 때도 절대로 문 앞까지 오지 않았어요. 항상 차 안에 앉아서 내가 나오길 기다렸죠. 형은 돈도 더 많고 애인도 더 많고, 하여간 모든 걸 더 많이 갖고 있었어요. 그럼에도 언제나 더 많은 걸 찾고 있었죠. 결코 만족하지 못했어요. 형은 일종의 캐릭터였어요. 성공적인 캐릭터이긴 했지만 어쨌든 캐릭터였죠. 그 캐릭터가 결국 형을 잡아먹었습니다."

_아르헨티나 코르도바

"대학 2학년 때 뭔가 일이 벌어져서 스스로를 가혹하게 대하게 됐어요. 슬프고 실망하고 화가 났죠. 그때 한 여자를 만났어요. 내가 처음으로 함께한 사람이었습니다. 그전까지의 모든 부정적인 게 뒤로 밀려나고 기운이 났죠. 심지어 숙제도 했고요. 하지만 이제 우린 헤어졌고, 그 관계 덕분에 무시할 수 있었던 모든 것들에 직면해야 해요. 난 매사를 너무 깊이 생각하죠. '뭘 해야 하나? 뭘 하지 말아야 하나?' 하지만 의욕이 없기 때문에 실제로는 어떤 행동도 하지 않아요. 항상 슬퍼요. 자러 갈 때가 최악인데, 내가 아무것도 하지 못했고 내일도 안 할 거라는 걸 깨닫거든요. 많은 사람들이 날 믿어주지만, 아직도 내가 해내지 못한 탓에 그들도 지쳐가고 있어요. 그건 어쨌든 그들 책임이 아니죠. 내 책임이에요. 그냥 예전에 느끼던 대로 다시 돌아가지 못할까봐 걱정돼요. 깨어 있는 느낌. 나 자신을 사랑하기. 집 밖으로 나가기. 운동. 해변에 가기. 일요일 저녁에 친구들과 어울리기. 적당한 생각. 의심하지 않기. 비판하지 않기. 미래에 대해 두려워하지 않기. 쓸모 있는 생각만 하기. 지금 이 순간 필요한 생각을 하기."

_스페인 마드리드

_파키스탄 파수

_미국 샌프란시스코

"어릴 때부터 엄마 혼자서 절 키웠어요. 아빠는 가족을 돌보지 않았어요. 물리적으로 존재하긴 했지만, 아빠는 없었어요. 수입은 전부 본인을 위해 썼죠. 재산을 도박으로 날렸고요. 어차피 아빠가 다 팔아버릴 테니 우리는 아무것도 살 수 없었어요. 아빠는 가전제품을 다 팔아버렸어요. 심지어 가구도 다 팔아버렸죠. 그런데도 엄마는 여전히 아빠를 위해 모든 걸 해줬어요. 밥해주고 빨래해주고… 전부 다요. 그러다 어느 날 엄마가 일을 마치고 돌아왔더니 집이 텅 비어 있었어요. 우리 옷 말고는 아무것도 남은 게 없었죠. 전 엄마에게 이제는 떠날 때라고 얘기했어요. 지난 2년간 우린 셋방살이를 함께 하고 있어요. 이제 엄마는 훨씬 가벼워지신 것 같아요. 우리는 우리 걸 가질 수 있죠. 인생이 실제로 더 나아지고 앞으로 나아갈 수 있어요. 전 약국에서 일하기 시작했고 학비를 벌어 대학에 다니고 있어요. 아빠와는 아직 연락하고 지내요. 심지어 월세와 식비도 드리죠. 전 복수하고 싶지 않아요. 아빠가 우릴 어떻게 대했어야 하는지 보여주고 있죠."

_인도네시아 자카르타

"아버지는 절 자주 '멍청이'라고 불렀어요. 좋은 성적을 받아 왔을 때조차 아버지는 '넌 똑똑하지만 아무것도 아는 게 없어'라고 했어요. 다만 제가 아버지처럼 책을 많이 읽진 않았어요. 아버지는 항상 책을 손에 들고 있었거든요. 내 전문은 수학이에요. 중학교 때 점심시간에 도서관에 가서 퍼즐 책을 들고 바닥에 앉아 있곤 했어요. 지금 전 교사이고, 고등학교 과정의 모든 수학 수업을 가르쳐왔습니다. 몇 년 전에는 미적분 준비 과정을 지도했는데, 직각좌표계와 극좌표계 모두에서 동일한 위치를 지닌 타원을 생성하는 일련의 수를 우연히 발견했어요. 그래서 그것들을 변수로 바꾸어 두 페이지 분량의 증명으로 풀어냈고, 내 작업을 《수학 교사》라는 저널에 실었어요. 자, 이래도요, 아빠?"

_미국 뉴욕

"참담한 상황이었어요. 소련이 막 붕괴됐죠. 범죄자 말고는 아무도 적응할 수가 없었어요. 사랑하던 사람들이 거리에서 음식을 구걸하는 걸 보곤 했어요. 주변의 모든 사람들이 한 가지 꿈을 꿨어요. 몰도바를 떠나는 거였죠. 그러나 전 아니었어요. 바보 같은 생각처럼 보였죠. '왜 아무도 기다리지 않는 곳에 가려는 거야?' 싶었죠. 너무 위험해 보였어요. 그래서 남았죠. 전 학위가 있어요. 물가통계국에서 경제학자로 일했어요. 내 아파트를 샀고 안전하다고 느꼈죠. 나는 인생을 꾸려가고 문제를 풀어나가는 법을 알고 있었어요. 그런데 갑자기 삶이 끝났다는 느낌이 강하게 들었어요. 내 세상에서 한계에 달했던 거죠. 새로운 건 아무것도 경험해본 적이 없었고, 다시 놀라본 적이 없었죠. 당시 전 아직 젊었어요. 서른다섯이었죠. 전 강했고 아무것도 두려워하지 않았어요. 스스로에게 '난 해낼 수 있을 거야. 내겐 또 다른 삶을 살기에 충분한 힘이 있어'라고 말했어요. 그래서 삶을 완전히 바꾸기로 결심했습니다. 하지만 그게 제가 마침내 몰도바를 떠난 이유의 전부는 아니에요. 제가 떠난 건 남자를 만났기 때문이었어요. 말씀드리기조차 부끄럽네요. 원래 전 그것보단 나은 사람이거든요. 파리에서 온 남자였죠. 아주 친절해 보였고 잘생긴 데다 대학 교수처럼 보였어요. 믿을 만한 사람 같았죠."

"전 그 남자와 함께하기 위해 파리로 이사했어요. 10대 아들도 데려왔죠. 우리가 떠나온 곳에 비해 파리는 너무나 아름다웠어요. 그 남자가 모든 비용을 냈어요. 그는 '필요한 건 뭐든지 다 줄게'라고 내게 말했죠. 몇 달간 난 인생의 문제로부터 보호받는 느낌이었습니다. 그의 집은 감옥 같기는 했지만 그 감옥이 불편했다고 말할 순 없네요. 그는 거주 서류에 대해 걱정하지 말라고 했어요. 변호사와 상의해서 모든 게 준비될 거라고 했죠. 그런데 시간이 흘러도 서류가 오지 않더군요. 제가 물어볼 때마다 그는 말을 돌리곤 했어요. 그러다 이렇게 말하기 시작하더군요. '안 할 거야. 서류가 있으면 날 떠날 거잖아.' 전 갇혀버렸죠. 일을 할 수 없었고 은행 계좌도 없었거든요. 프랑스어도 잘 몰라서 몇 년 동안 어린애 같아졌어요. '고마워요' '미안해요' 같은 말만 했죠. 그는 아무도 믿지 못하도록 절 설득했어요. 티브이에서나 프랑스 사람들도 친구가 있고, 사무실에 가고, 휴가를 보낸다는 걸 볼 수 있었죠. 하지만 그건 다른 세상 얘기 같았어요. 제게 인간적인 접촉은 치과의사를 만나는 것뿐인 세월이 몇 년 동안이나 이어졌어요. 희망을 잃었죠. 항상 고통 속에서 살 순 없으니, 다 포기하고 전 그냥 생존에만 초점을 맞췄어요. 아들이 몰도바에서 다시 살 수 없었기 때문에 떠날 수가 없었어요. 아들은 제가 유일하게 사랑하는 존재였죠. 결국 아들이 열여덟이 되어 공식 서류를 받았어요. 그러자 아들이 제 상황을 설명하는 편지를 썼죠. 전 잘 모르지만 그걸 어떤 부처에 보냈나 봐요. 저한테는 별 말도 없이 말이에요. 어느 날 아침, 아들이 저더러 앉으라고 하더니 이랬어요. '엄마, 너무 놀라진 마세요. 방금 전화가 왔거든요. 엄마 서류가 준비됐대요.'"

"아무에게도 이 얘길 한 적이 없어요. 부끄럽고 한심해서요. 마침내 전 탈출했습니다. 그 남자는 '내가 당신 인생에 한 짓을 용서해줬으면 해'라고 하더군요. 그러나 솔직히 그의 영혼이 어떻게 되든 내 알 바가 아니죠. 그 세월을 잊기 위해 전 할 수 있는 모든 걸 다 해왔어요. 내 생각에, 인생에는 오직 한 가지 의무가 있는 것 같아요. 일어서서 가는 거죠. 무슨 일이 있더라도 말이에요. 난 드레스를 살 거야, 머리를 염색할 거야, 립스틱을 바를 거야, 나가서 사람들을 만날 거야. 서류를 받고 나서 처음으로 한 일은 프랑스 학교에 등록하는 것이었어요. 친구를 사귀기 시작했죠. 사람들이 날 좋아하는 걸 알게 됐어요. 내가 그들을 웃게 할 수 있었죠. 상상할 수 있겠어요? 10년 동안이나 전 아무도 웃게 하지 못했다고요. 내게 장애가 없다는 걸 알게 됐죠. 난 불구가 아니었어요. 난 깨지지 않았어요. 전 화장품 가게 판매원이 되었습니다. 일을 정말 잘했어요. 우리 회사에서 유럽 1등이었죠. 그리고 날 위해주는 남자를 만났어요. 이름은 마크예요. 정말 아름다운 사람이죠. 대머리예요. 전 대머리가 좋아요. 데이트 사이트에서 '대머리'라고 입력했었죠. 마크는 진심으로 날 아껴줘요. 제게 집과 가족을 주었고, 하루에도 스무 번씩 뭔가 다정한 것으로 날 놀라게 하죠. 마크에게 과거에 대해 말하기까지 삼 년이 걸렸어요. 내가 드라마틱한 일들을 겪으며 살았다는 걸 알리고 싶지 않았죠. 생존자가 되고 싶지 않았어요. 섬세하고 여성적이고 싶었죠. 연약해지는 건 내게 기쁨이고 즐거움이죠. 그에게 말한 뒤 사흘 동안 울었어요. 하지만 마크는 전혀 개의치 않더군요. 내 과거는 그를 괴롭히지 않았어요. 내가 우는 것만이 그를 괴롭혔을 뿐이었어요."

_프랑스 파리

"전 헝가리에서 자랐습니다. 당시 우리는 세상과 단절돼 있었어요. 다른 사회주의 국가만 방문할 수 있었죠. 우리는 항상 '지금 사는 나라로 충분하다. 더 필요하지 않다. 외부에서 오는 건 뭐든 좋지 않다'는 얘기를 들었어요. 그래서 언제나 음악이 10년은 뒤쳐져 있었어요. 그렇지만 밤늦게까지 깨어 있으면 독일의 한 지하 라디오 방송국을 들을 수 있었어요. 간신히 주파수가 잡혔죠. 전 부모님이 주무실 때 부엌에서 그걸 듣곤 했어요. 핑크 플로이드가 나올 때면 어떻게든 녹음하려 했어요. 주옥같았거든요. 친구들과 카세트테이프를 교환하기도 했죠. 제가 아홉 살 때 우리 언니가 아무에게도 말하지 않고 헝가리를 떠났어요. 경찰이 와서 가족 모두를 심문했어요. 언니를 반체제 인사라고 부르더군요. 언니는 철의 장막 반대편에서 내게 소포를 보내곤 했어요. 초콜릿, 인형, 멋진 티셔츠들이었죠. 제게 정말 온갖 것들을 보내줬어요. 동네 가게엔 이거 아니면 저거, 딱 두 가지 선택지만 있었죠. 하지만 언니는 뭐든 선택할 수 있는 곳에 사는 것처럼 보였어요. 저도 선택을 하고 싶었어요. 그래서 스물두 살 때 히치하이킹을 해서 런던에 왔죠. 도착했더니 역시나 어디서건 선택을 할 수 있더군요. 뭐든 살 수 있고, 뭐든 배울 수 있고, 또 뭐든 입을 수 있었죠. 전 뭔가 특별한 걸 원하는 게 아니었어요. 탐욕과는 아무런 상관없고 그저 선택 자체를 바랐어요. 여기선 정말 간절하게 원하면 그걸 가질 수 있다는 걸 다들 알잖아요. 그건 힘이에요. 선택지가 거기 있다는 걸 아는 건 곧 힘이죠."

_영국 런던

"지금은 괜찮아요, 일상적인 얘기를 하고 있으니까. 하지만 뭔가 특정한 것, 그러니까 이름이나 날짜 같은 걸 물어보면 난 기억해 내지 못할 겁니다. 우리 엄마도 그러셨죠. 10년 동안 아무도 못 알아보셨어요. 난 그렇게 기억되고 싶지 않습니다. 그래서 여기 혼자 앉아 있는 거예요. 전에는 친구가 많았지만 내가 연락을 끊었죠. 모임에 있을 때 특히 힘든데, 내가 기억하는 걸로 대화를 이끌 수가 없어서 그래요. 말문이 막히게 되면 더 난처하죠. 그래서 결혼식도 참석하지 않고, 전화 거는 것도 그만뒀죠. 날 포기하지 않는 친구가 한 명 있긴 해요. 친구는 플로리다에서 전화를 걸어와요. 내가 어떤 다리에 대해 얘기하려고 하잖아요. 그럼 그 친구는 그걸 내가 기억해낼 때까지 뉴욕에 있는 다리를 죄다 열거할 거예요."

_미국 뉴욕

"가끔 아무 이유 없이 교실에서 울음이 터져 나왔어요. 그럴 때면 하교하자마자 곧장 제 방으로 갔죠. 엄마한테도 말할 수 없었는데, 왜냐면 그냥 울음이 나오곤 했으니까요. 사람들은 '그냥 일어나서 운동하고 산책을 해봐'라고 조언해줬어요. 하지만 아무것도 도움이 안 됐죠. 상황이 많이 안 좋아져서 학교에서도 저를 주시했어요. 전 화학 시험 도중에 엉엉 울었고 결국 학교 심리 상담실에 보내졌어요. 이런 생각을 했던 게 기억나요. '시험을 다시 못 봐도 상관없어. 친구들도, 엄마도 마찬가지야. 다시 못 봐도 상관없다고.' 왠지 내가 분명 그걸 저지를 것만 같은 느낌이 들었죠. 그날 밤 전 방에 틀어박혀서 약을 한 움큼 삼키려 했어요. 단지 엄마가 내 시체를 발견하는 상상 덕분에 겨우 멈출 수 있었죠. 3년 전 얘기예요. 이제는 그 시절이 아주 멀게만 느껴지네요. 다행히 훌륭한 치료사를 만났어요. 내 자신에 대해 정말 많은 걸 배웠죠. 지금은 하고 싶은 일이 정말 많아요. 여행을 하고 싶어요. 결혼을 하고 싶고, 아이를 갖고 싶어요. 내가 아직 쓰지 않은 시와 아직 듣지 못한 노래가 정말 많죠. '그렇게나 거기 가까이 갔었구나' 하고 생각하면 무서운 마음이 듭니다. 당시 내 문제는 작은 것들이었어요. 10대의 문제들이었죠. 이젠, 존재하지 않는 것으로부터 한 걸음 멀어졌어요. 내가 그 걸음을 걷기로 마음먹었죠. 다시 예전 자리로 돌아가게 될까봐 걱정되기도 해요. 그땐 아마 내 문제들이 그리 작지 않겠죠."

_콜롬비아 보고타

"어쩌다 싸움에 휘말려서 학교에서 쫓겨났어요. 제가 시작한 것도 아니었죠. 다른 애가 저한테 덤빈 거예요. 제가 걔 펜을 가져갔다는 이유로요. 걔가 저한테 작은 탁자를 집어던져서 전 엄청 화가 났어요. 아무 생각도 안 났고 그냥 걜 주먹으로 패기 시작했죠. 곧 선생님이 달려와서 우릴 때리기 시작했어요. 우린 교장실로 보내졌고, 교장 선생님이 너희는 퇴학이라고 하셨어요. 집에 가니까 엄마 아빠가 엄청 화나 있었어요. 엄마는 울었고요. 그러더니 아빠가 절 대나무 회초리로 때렸죠."

_태국 방콕

"저는 펀드매니저입니다. 제 직원 중에 한 명이 고객 돈 수백만 달러를 빼돌렸어요. 거의 2년 동안이나 제게 그걸 숨겼더라고요. 브로커와 짜고 가짜 거래를 만들어냈던 거였어요. 그 수법을 알아냈지만 직원은 이미 사라진 뒤였죠. 경찰을 부를 수도 없어요. 언론에서 떠들어대는 순간 다신 다른 고객을 받지 못할 테니까요. 파산 신청을 할 수도 있지만 전 겁쟁이가 아니에요. 지금은 고객들의 초기 투자금을 갚으려고 최대한 노력 중입니다. 다른 사업을 매각하고 집 두 채도 팔았죠. 차 한 대도 처분했고요. 그래서 기차랑 온라인 택시를 타고 다니는 거예요. 어떤 고객은 절 안타깝게 여기지만, 대부분 화를 내고 몇몇 분은 절 싫어하죠. 모두들 끊임없이 전화를 합니다. 고객들에게 시간을 달라고 말해봤지만, 그래도 계속 전화가 오죠. 스트레스 때문에 하루에 담배를 네 갑씩 피우고 있어요. 새 전주를 구해야 해요. 새 고객을 유치할 수 있다면, 그걸로 이윤을 만들어서 예전 고객들에게 천천히 갚을 수 있을 거예요. 하지만 다들 당장 돈을 받고 싶어 하죠."

_인도네시아 자카르타

"2011년, 우리는 혁명을 일으켰습니다. 첫 시작은 북아프리카였어요. 한번 상상해보세요. 선생님들한테 대통령이 훌륭하다는 얘기만 듣고 평생 자라오는 거죠. 그러다 갑자기 모든 게 뒤집히는 거예요. 거리에 가득 찬 사람들이 모두 대통령을 보고 끔찍한 인간이라 말하죠. 그중 일부는 무기를 갖고 있어요. 모두들 편을 고르면서, 어떤 사람은 왼쪽으로, 어떤 사람은 오른쪽으로 가죠. 가족 안에서는 이로 인해 불화가 생기고요. 온 나라가 마치 각자 다른 쪽으로 가려고 하는, 말하자면 똑같은 극을 가진 두 개의 자석 같았죠. 모두가 싸우고 있었습니다. 그 후엔 아무것도 개선되지 않았어요. 새로운 지도자들은 조국에 반해 패거리를 지었고, 우리를 아주 나쁜 방식으로 팔아 넘겼습니다. 튀니지에서 인생을 즐기기란 거의 어렵죠. 저는 조국을 사랑하는 동시에 증오해요. 그곳 사람들은 대단해요. 가족이 거기 있고, 그들과 함께 있고 싶어요. 하지만 그곳엔 평화가 없죠. 여기에서처럼 조용하게 방해받지 않고 책을 읽을 수가 없어요. 그건 내게 좌절감을 줍니다. 이런 평화를 내가 가장 사랑하는 곳에서 누리고 싶으니까요. 나 자신만이 아니라, 이웃과 친구들, 부모님, 아이들을 위해서 말이에요."

"어떨 땐 그냥 내 출신 때문에 이곳에서 오해를 받는다는 느낌이 들어요. 흘깃 쳐다보는 눈길들, 그 시선. 그런 게 머릿속을 어느 정도 어지럽히죠. 저는 건축가를 목표로 공부 중이에요. 저 자신을 존엄한 사람으로 여깁니다만, 초록색 튀니지 여권이 나오는 순간, 전 100퍼센트에서 10퍼센트로 곤두박질칩니다. 보안 요원들이 제 모든 걸 알아야 하죠. 마치 죄수처럼 대해요. 어쩌면 그건 그냥 정책일 뿐이고 개인적인 문제는 아니겠죠. 아마 인종차별은 아닐 겁니다. 그런데 너무 많이 쥐어박히고 얻어터지면, 온 세상이 자길 그런 식으로 대한다고 생각하게 돼 있어요."

_폴란드 바르샤바

"처음에 전 일본을 싫어했어요. 필리핀에서 살다가 일곱 살 때 가족이랑 이곳으로 왔어요. 일본어를 전혀 못했죠. 매일 학교에서 따돌림을 당했습니다. 외국인이라고, 또 덩치가 크다는 이유로요. 아이들은 계속 저보고 일본 사람이 아니라고 말했어요. 그냥 집에 가고 싶더라고요. 그러다 3학년 때 텔레비전에서 스모 경기를 봤는데, 그중 한 선수가 필리핀계였어요. '이건 내가 할 수 있는 일이구나' 싶었죠. 그래서 스모부에 가입했고, 몇 년 동안 실력이 좋다는 평가를 받았습니다. 다른 학교 아이들도 절 존중하기 시작했고요. 심지어 제가 우리 고향에서 유일한 스모 선수라 좀 유명해지기까지 했어요. 지금은 프로 훈련을 하고 있습니다. 스모는 제게 이 나라에 대해 많은 것을 가르쳐줬어요. 환경, 관습, 규칙 같은 것 말이에요. 전 이제 더 이상 외부인이란 느낌을 받지 않죠. 겨우 열여덟 살이라 아직 갈 길이 멀지만 상위권에 도달하고 싶습니다. 그렇게 되면 가족들을 전부 일본에 데려올 수 있을 만큼 충분히 돈을 벌 수 있거든요."

_일본 도쿄

"우리는 맥도날드에서 같이 일했어요. 그때 전 우울증이 심했어요. 마음이 죽어가는 것 같았죠. 시간은 그저 흐를 뿐이고 매일이 마냥 지나갔습니다. 전 그냥 혼자 지내면서 감자튀김이나 만들고 그랬어요. 여자친구는 달랐어요. 모든 사람과 친구로 지내고 항상 웃었죠. 얼굴이 늘 발그레하고 언제나 조잘거렸어요. 하루는 눈 내리는 아침이었는데 이 사람이 앞문으로 걸어 들어오더라고요. 눈에 뒤덮인 채였죠. 그러더니 바닥 매트 위에서 춤을 추면서 몸을 비틀어대지 뭐예요. 눈이 그녀에게서 낙하하고 등 뒤로는 빛이 쏟아졌죠. 천사처럼 보였어요. 하지만 그때 우린 별 말을 나누지 않았어요. 그녀 친구들은 계속 제게 이 사람이 절 좋아하는 것 같다고 말했지만, 전 너무 소심했어요. 가끔 같은 자리에서 일할 때도 둘 다 그냥 컴퓨터 화면만 바라보고 그랬죠. 우연히 서로 눈이 마주쳤다 해도 화들짝 고개를 돌렸을 거예요. 그러던 어느 날 밤, 둘 다 10시쯤에 일을 마치고 휴게실에 앉아 있었어요. 우리는 이야기를 좀 나누기 시작했죠. 여자친구는 가만히 앉아 있지 못하고 계속 일어나서 방 안을 걸어 다녔어요. 전 그녀에게 말했어요. '사람들이 그러던데? 네가 날 좋아하는 것 같다고.' 그녀는 아무런 대답 없이 그냥 벽만 바라봤죠. 그렇게 아주 오랜 시간이 흐르고, 마침내 여자친구가 절 바라봤어요. 전 어깨에 팔을 둘렀고, 우리는 키스를 나눴죠."

_영국 런던

"데킬라를 엄청 마시고 있었죠. 그날 전 외출을 하기 전에 이미 토했었어요. 그러다 그 바에서 제 전여친을 봤는데, 남자랑 있더라고요. 그래서 전 그 남자에게 걸어가서 말했죠. '만약 이 여자를 이용해먹는다면 너희 집 창문에 벽돌을 던질 줄 알아.' 저도 제가 정말 쪽팔렸죠. 그래서 더 많이 마셨어요. 그 뒤론 모든 게 많이 흐릿해요. 어렴풋이 깜빡깜빡 기억이 나요. 카일리에게 걸어가서 키스를 하고 도망간 게 기억나요. 그러다 제 친구들이 다 가버렸죠. 그래서 그녀에게 다가가서 '나 집에 갈 거야. 같이 갈래?'라고 했어요. 카일리가 승낙했고, 나머지는 역사가 됐죠. 하지만 가족들에겐 우리가 대학교 강의에서 만났다고 얘기해요."

_영국 런던

"얜 전학생이었어요. 학교 구경을 시켜주는 게 제가 할 일이었죠. 얠 만날 때 제가 안경을 안 쓰고 있어서, 금발 머리와 불그레한 얼굴만 볼 수 있었어요. 얘는 한 마디도 안 하더라고요. 내내 그냥 멍한 표정만 짓고 있었죠. 제 타입과는 꽤 거리가 멀었어요. 제가 할 일이 하나 더 있었어요. 우리 둘 다 합주부에서 타악기 연주를 하는데, 제가 섹션 리더였거든요. 얘가 연주하는 법을 배우도록 도와줘야 했죠. 안 그래도 저는 성격이 좀 급한데, 얘는 채를 어설프게 다루고 스케일 연주는커녕 자기 음도 모르더라고요. 또 사람 눈은 왜 못 마주치는지! 그러던 어느 날 방과 후에 친구들과 공원에 함께 있을 때였어요. 저는 얠 놀리기 시작했죠. '넌 너무 소심해서 아무것도 못 해.' 얘가 뿌루퉁해지더니 대꾸했어요. '난 뭐든지 할 수 있거든?' 그래서 제가 이랬죠. '그래? 그럼, 어디 한 번 나한테 키스해봐.' 그러자 얘가 정말로 했어요."

_캐나다 몬트리올

"우리는 전통 방식으로 결혼했어요. 두 집안이 서로 아는 사이인 까닭에 만남이 성사됐죠. 그전까지 우린 만나본 적이 없었어요. 남편이 어머님과 함께 저희 집에 왔고, 우린 두 시간 동안 방에 가서 얘기를 나눴죠. 기대하는 것, 사랑에 대한 생각, 미래 계획 같은 것들을 말이에요. 그 후 전 이틀 동안 생각을 하고 나서 남편에게 문자 메시지를 보냈죠. '그렇게 해요, 우리.' 곧 남편에게 답장이 왔어요. '좋아요, 당신.'"

_이란 타브리즈

"지난주에 여자친구와 헤어져야 했어요. 그동안 부모님들께 우리 관계를 숨겨왔어요. 누굴 사귀기에 우리가 너무 어리다고 생각하시거든요. 전 엄마한테 그냥 친구일 뿐이라고 해왔고, 여자친구 아빠에겐 제가 게이라고 해놨죠. 그런데 지난주에 이웃 누군가가 공원에서 우리가 키스하는 걸 사진으로 찍은 거예요. 집에 왔더니 엄마가 그 사진을 내놓더라고요. 전 깜짝 놀랐죠. 그리고 여자친구와 헤어지고 공부에만 집중하겠다고 약속해야만 했어요. 사실 지금 그 친구네 집에 가는 길이에요. 하지만 학교 과제에 도움이 필요해서일 뿐이죠."

_필리핀 마닐라

"결혼식을 서두른 건 속도위반 때문이 아니었어요. 아빠가 진단받기 전에 남편이 이미 프로포즈를 했고, 결혼식 날짜까지 잡아놨었죠. 박물관에 넓은 공간을 대관했고요. 아빠는 꼭 오시겠다고, 그때도 충분히 건강할 거라고 말씀하셨어요. 하지만 시간이 갈수록 쇠약해지셨죠. 괜히 위험을 무릅쓰고 싶지 않아서 계획을 바꿔 날짜를 앞당겼어요. 그래서 등기소에서 단출하게 식을 올리게 된 겁니다. 아마 스무 명 정도 왔을 거예요. 아빠는 마지막에 가실 때까지 침대에 계셨지만 그날만은 종일 해내셨죠. 아빠가 저를 결혼식장까지 차로 태워주셨어요. 엄마를 태워주시던 바로 그 차, 초록색 MG미젯이었죠. 아빠는 신부 입장을 함께 해주시고 피로연에서 축사도 하셨어요. 자신이 아프다는 거나 결혼식 날짜가 변경된 것에 대해선 아무런 언급 없이, 그냥 좋은 축사였어요. 그때 찍은 동영상이 있지만 아직 보진 못했어요. 너무 슬플 것 같아서요. 아빠는 그 다섯 달 뒤에 돌아가셨어요. 얼마 전 남편과 저는 결혼 서약식을 다시 올렸습니다. 원래 결혼식 날짜에서 딱 일 년 뒤였죠. 원래 식을 올리려던 박물관에, 원래 초대하려던 손님들을 불렀어요. 그렇게 해도 되는지 고민이 많았어요. 이게 경우에 맞는 일인지, 사람들이 이해해줄지 갈피를 잡을 수 없더라고요. 마침 아빠 생신과 겹치기도 해서 더 그랬어요. 다행히 식은 사랑스럽게 진행됐어요. 정말 사랑스러웠죠. 식장에는 정말 많은 아빠가 있었어요. 여기저기 아빠 사진이었거든요. 하지만 그날의 주인공은 우리였습니다. 우리 관계를, 우리가 서로 얼마나 사랑하는지를 세상에 보여주는 날. 우리의 미래를 축복하고, 우리가 앞으로 나아가는 것을 기념하는 날이었어요."

_영국 런던

"전처가 부동산을 가져갔지.
난 평화를 가져왔고."

_우루과이 몬테비데오

"빈손으로 시작하고 있어요. 베네수엘라에서 모든 걸 잃었죠. 천연비누 공장 소유주였지만, 위기가 터져서 재료를 구하는 게 불가능해졌어요. 얼마 후 정부가 수입의 70퍼센트를 가져가기 시작하더라고요. 공장 문을 닫는 수밖에 없었죠. 상황이 너무 안 좋아져서 아기 먹일 음식조차 구할 수 없었어요. 돈은 약간 있었지만 어디서도 음식을 살 수 없더군요. 밀가루 한 봉지를 사려고 하루 종일 줄을 서곤 했어요. 며칠 동안 굶은 적도 있었고요. 딸아이에게 모유를 먹이려 할 때는 거의 기절하는 줄 알았어요. 유일한 희망이라고는 그 나라를 뜨는 것이었습니다. 그전에는 딸아이에게 절대 작별인사를 한 적이 없었어요. 떠나올 때 딸아이는 날 부르며 울어댔죠. 아이 낳을 때보다 더 아팠어요. 하지만 선택의 여지가 없었습니다. 딸아이에게 엄마는 콜롬비아로 간다고 얘기했어요. 다이아몬드를 만들 거라고, 그걸 갖고 돌아오겠다고 했죠. 지금 저는 거리에서 열쇠고리를 팔고 있어요. 돈이 좀 생기면 집에 먹을 것을 소포로 보내요. 정신을 온전하게 지키려고 애쓰는 중이에요. 전 괜찮게 지내고 있어요. 아주 가난하게 자랐고 빈손으로 세상에 왔죠. 그러니 지금 상황이 처음은 아닌 거예요."

_콜롬비아 보고타

"어렸을 적엔 여기에 포장도로가 없었습니다. 지금은 겨우 두 시간 걸리는 곳을 예전엔 사흘 동안 걸어야 했어요. 학교 다닐 돈은 하나도 없었죠. 우리한테는 재물이나 재산이 없었습니다. 저는 여섯 살 때부터 식당에서 저녁 아홉 시까지 설거지를 했어요. 자러 갔다가 다시 똑같은 하루를 시작하는 거죠. 번 돈은 전부 부모님한테 갔고요. 도시나 비행기에 대한 이야기를 듣긴 했지만 동화처럼 들리더라고요. 그런 곳에 가보는 걸 꿈꾸기도 했지만, 멀리 못 가 배가 고파지곤 했어요. 그래서 온 세상이 우리 계곡 같을 거라 생각하며 자랐습니다. 다른 아이들도 전부 나처럼 산다고 생각했죠. 그러다 열여섯 살이 되었을 때, 어느 날 길기트 시내를 가볼 기회가 생겼어요. 믿을 수 없었죠. 식당에서 아버지와 식사하는 소년을 봤어요. 내 나이 또래였죠. 교복을 입고 있더군요. 눈물이 터져 나왔습니다."

_파키스탄 훈자계곡

"한평생 남편이 하는 건축 일을 도우면서 살았어요. 그러다 남편이 집 담보로 사채 빚을 내는 바람에, 내가 어쩔 수 없이 부업으로 청소 아줌마가 된 거예요. 처음에는 망신스러웠지요. 아무한테도 말 안 했어요. 저는 청소 아줌마들을 밑바닥 계층으로 봤거든요. 사람들이 우리를 존중하며 대하지 않더라고요. 월급이 최저임금보다 더 적었어요. 사장은 우리한테 본인 하고 싶은 대로 다 말할 수가 있었죠. 그러다 노동조합을 만들고부터 우리는 노동자로서 우리 힘을 찾았습니다. 더 이상 우리를 이유 없이 해고할 수 없어요. 최저임금도 인상했고요. 심지어 지금은 복지도 생겼지요. 처음에 이런 집회 나올 때 저는 마스크를 썼어요. 지금은 더 이상 부끄럽지 않아요. 작년에 동료들이 저를 조합장으로 뽑아줬거든요. 이제 사장과 문제가 생기면 누구든 저한테 옵니다."

_대한민국 서울

"저는 뉴욕에서 태어났는데, 여기서 산 지 6년 반 됐어요. 저는 일본인처럼 보이죠. 일본인처럼 말하고 이름도 일본 이름이에요. 그래선지 사람들은 제가 일본인과 똑같기를 기대해요. 규칙을 따르기를, 눈에 띄지 않기를 바라죠. 또 내 의견이나 생각, 감정을 절대 표현하지 않기를 바라고요. 하지만 제 마음속은 뉴요커예요. 많이 개방적이고, 내 생각을 표현하고픈 열망이 있어요. 그런 가치가 중요하다고 믿도록 커왔으니까요. 하지만 여기선 그런 것들을 속으로 간직해야 한다는 걸 알게 됐어요. 거의 없애버려야 하죠. 마치 내 생각 같은 건 존재하지도 않는 것처럼 무시해야 하고요. 안 그러면 이렇게 느끼면서 행동은 저렇게 하는 식일 텐데, 그건 너무 힘들거든요."

_일본 도쿄

"이혼하기 전까지 내 평생은 절제하는 거였어요. 내가 언제나 따르는 삶의 대본이 있었는데, 아마 우리 엄마에게서 물려받은 걸 거예요. 항상 명랑해라. 늘 웃거나 농담을 해라. 모든 게 훌륭하다고, 아님 곧 더 좋아질 거라고 말해라. 호감 가도록 처신하되, 그건 사랑스러운 것과 다르다는 걸 알아라. 그리고 파티, 파티, 파티. 난 언제나 안주인이었어요. 왜냐면 안주인은 절대 자신을 드러낼 필요가 없으니까요. 항상 사람들을 불러 모으곤 이런 생각을 하는 거죠. '마거릿을 수전 옆에 앉히는 게 좋겠어. 둘 다 이런저런 일을 겪었잖아.' 내가 뭘 겪었는지는 신경 쓸 필요 없지요. 혹은 내가 누구인지도요. 내가 누구인지 알 것 같진 않네요. 그러려면 시간이 걸리니까요. 안주인은 늘 모든 걸 명랑 쾌활하게 유지하느라 너무 바빠요. 파티가 끝나면 잠잘 시간밖에 남지 않죠. 무슨 꿈을 꿨는지도 기억 안 나요. 그럼 이만 실례할게요, 오늘 8시에 저녁 약속이 있어서요."

_미국 뉴욕

"마리오와는 여섯 살 때부터 친구였습니다. 우리는 시골의 작은 마을 출신이에요. 항상 연락하며 지냈죠, 가끔 커피도 같이 마셨고요. 그 친구가 게이인 건 알았지만, 우린 그 얘기는 절대 안 했어요. 그냥 입에 올리지 않았죠. 그 친구가 먼저 나서서 얘기한 적도 없고, 저도 절대 안 물어봤어요. 그게 친구를 존중하는 거라 생각했어요. 그러던 어느 날엔가 그 친구 얼굴이 변하고 있는 걸 알아차렸어요. 많이 야위어가더라고요. 하지만 저는 왜 그러냐고 절대 물어보지 않았어요. 아마 그 친구가 사생활을 침범받는다고 느끼지 않을까, 하는 걱정 때문이었어요. 마리오는 쉽게 기분이 상하는 타입이었고 마치 화산 같았거든요. 어쩌면 전 무의식적으로 그냥 관여하고 싶지 않았나봐요. 결국 사정을 확실히 알았을 땐 너무 늦었죠. 마리오가 죽기 전날에야 병원을 방문했어요. 유리창 너머로만 그 친구를 바라볼 수 있었죠. 담요에 싸여 있더군요. 내가 정말 바보 같단 느낌이 들었어요. 언제고 그 친구에게 물어볼 수 있었을 텐데 말입니다. '너 나한테 뭐 숨기는 거 있지? 어디 아픈 거 아냐? 혹시 내가 널 버릴까봐 겁내는 거야?'라고요. 그랬다면 우리는 서로 얼싸안고 함께 울었을 겁니다. 어쩌면 그 상황을 웃어넘겼을지도 모르죠. 하지만 우린 아무것도 하지 못했어요. 내게 물어볼 용기가 없었기 때문이죠."

_아르헨티나 부에노스아이레스

염소 이름이 뭔가요?

"'염소'라오."

_파키스탄 훈자계곡

휴먼스

1판 1쇄 펴냄 2022년 7월 25일

지은이	브랜던 스탠턴
옮긴이	안민재
편 집	성기승
디자인	룩앳미
제 작	세걸음
인쇄·제책	상지사

펴낸곳	프시케의숲
출판등록	2017년 4월 5일 제406-2017-000043호
주 소	(우)10885, 경기도 파주시 책향기로 371, 상가 204호
전 화	070-7574-3736
팩 스	0303-3444-3736
이메일	pfbooks@pfbooks.co.kr
SNS	@PsycheForest

ISBN   979-11-89336-50-9   03840

이 책의 내용을 이용하려면 반드시 저작권자와
도서출판 프시케의숲에 동의를 받아야 합니다.